SHO **P** PING

E **A** TING

R ELAXING

T RAVELING

Y ES!

老天有交代，
這輩子要狠狠玩一次

一個背包、兩年半、十六個國家、
無數新朋友以及滿滿的勇氣和回憶

盧姿敏〈黑糖貓〉◎文‧攝影

他們都被她的壯遊熱情感動！

如果能像盧姿敏一樣心中藏有著種種「非去不可的旅行」的任性，必然能像她一樣讓生命活得精采，同時充滿著熱情的能量。

可以羨慕、可以欣賞或是就這樣開始自己的旅行。

在分享了她的旅行故事之後。

——Milly

現代人都忙，忙到焦頭爛額，忙到沒有時間運動，沒有時間陪伴家人，沒有心情停下腳步好好欣賞這個世界。但我想，其實我們只是還沒有搞清楚屬於自己人生的優先順序，一味將時光浪費在次要的選擇上。姿敏的離開，就是勇敢面對自己需要的證明。這兩年半的旅程，打破我對壯遊、當背包客只專屬年輕人的迷思。在許多驚人的冒險故事之餘，對於美食、歌劇、登山健行的品味見解，甚至明察各國種馬訣竅的幽默感，都讓我十分著迷。

——連美恩

早在盧姿敏化名「黑糖貓」寫部落格時期，我就是她的讀者，當時並不知道其本名，當然也沒見其廬山真面目，但透過她簡潔平實但親切幽默的文筆，我覺得自己彷彿認識她。

她正是那種我很欣賞的女生朋友：兼具感性和理性，能夠聆聽自己內心的聲音，從而知道自己喜歡什麼、要什麼，而後冷靜判斷，決定自己要爭取什麼。有膽量，所以敢於放下，走出從事業和生活的「正軌」，給自己一段長假。有勇氣，故而隻身奔赴他鄉，走向一段不可知的人生。

欣見這位至今未曾謀面的作者以《老天有交代，這輩子要狠狠玩一次》，交出了她「脫軌而出」的美好紀錄。

——韓良憶

　　我喜歡作者的這句話：「每個人都是一本書，我的書充滿過往的歷史光影，許多辛勤工作的歲月以及眼看自己一天一天變老，卻一事無成的焦慮；而那些初次上路的年輕旅行者，他們的書大部分是空白頁，還有許多空間可以揮灑。」當初也是職離旅行的我，為了在人生的故事書上寫下一篇「為自己來一趟旅行」的故事。但這本書的內容更加精彩，如果你尚未旅行過，記得把你的手抓緊，準備來一趟旅行雲霄飛車。　　──**藍白拖**

　　對盧姿敏來說，旅行就是她的生命。她的生活就是一直不停的旅行，甚至在她所居住的城市。她的旅行信念非常清楚，每次只問兩個問題，一個是「值得付出代價去做嗎？」如果回答是肯定的話，那她會不計任何努力及代價去達成。第二個問題是「到底我想得到什麼樣的經驗？」從她那裡我學到一件事，花一百歐元去住打折後物超所值的五星級飯店，絕對勝過花十歐元去爛餐廳吃一頓飯。

　　我之前不曾做過長旅和壯遊，但她的熱情感染了我，開始覺得好奇想要去嘗試，而且相信自己也辦得到，以前這類旅行對我來說像是一本小說，對別人好像很適合但卻不見得適用於我。但是盧姿敏說服我，任何人都可以進行他自己的壯遊，所以，我徹底實踐她的旅行哲學，現在也開始出門旅行了！當然包括我居住的城市：馬德里，進行城市冒險。

　　　　　　　　　　　　　　　　──**宅男**L〈Luis Rodriguez〉

英國
丹麥
荷蘭
德國
捷克
美國
奧地利
瑞士
匈牙利
法國
克羅埃西亞
義大利
波士尼亞
葡萄牙
西班牙
希臘
地中海
摩洛哥
非洲

兩年半踏遍全世界！

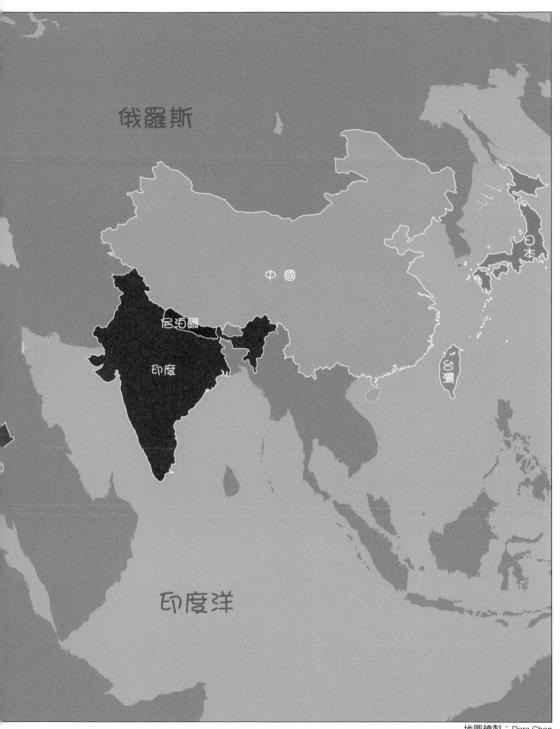

俄羅斯

中　國

尼泊爾

印度

日本

台灣

印度洋

地圖繪製：Dora Chen

CONTENTS

1

安息之年：
逗留西班牙，遊蕩世界

大人們希望你很乖

　　就像《小王子》裡面所說的，從小到大不論我想做什麼新嘗試，大人們總是動用各種理由勸阻：「妳這樣不行」、「這樣會考不上大學」、「妳這樣會嫁不出去」。他們巴不得妳一直維持原狀，走在傳統觀念中設定的那條最安全的道路。於是我很乖，跟很多人一樣，按照社會的期望，讀書、升學，唸完大學進入職場工作，在不同領域換過兩個工作，談了些不對盤、沒有結果的戀愛，上下班，報名補習班上語言課，買房子付貸款，偶爾出門自助旅行，雖然有一些自己的想法，但大部分都被埋藏起來。

　　我的平凡生活一直持續到進入了一間人人稱羨的好公司。向來工作還算如魚得水的我，花了幾年時間調整自己，但還是使不上力。就在這段期間，有一個夢想小苗逐漸在我心中成形：如果辭掉工作，我想在其他國家長住一段時間；如果我下定決心辭職，我一定要過得像小鳥一樣自由，到大人們管不到的地方；如果我真的出走，我一定要像馬可波羅一樣不斷旅行；如果我要體驗異國生活，那個地方一定要是在最浪漫的歐洲。

　　於是我把工作辭了，因為已經過了適婚年齡，這回大人們不再警告我會嫁不出去，他們換了別的理由：「妳瘋了！年紀這麼大，把工作辭了，妳一定再也找不到工作！」我心裡想，以前我那麼乖，日子也沒有過得特別好，如果我不乖呢？如果我去嘗試很多人不敢做的事情呢？或許我會得到一些「乖乖牌」得不到的東西！反正失去的只不過是一個工作而已。對於親友的關照和不看好，我的回答千篇一律是「這是人生最後的一搏，長久以來的夢想」。

　　我很喜歡法國，這個國家非常精緻，擁有最好的條件，有多樣化的

風景、好看的帥哥美女、講的是好聽但並不是那麼實用的法文。在職場打滾多年，我覺得投資自己最好的方式就是學外語，為了工作加上可以方便旅行，在這個前提之下，我選擇了使用人口最多的西班牙語，最後拎著一ㄅㄚ大皮箱和一個登山背包來到西班牙首都：馬德里，這裡正是我的歐洲兩年生活及旅行的基地。

1 足球大國西班牙經常可見瘋狂的足球迷。 2 西班牙人最捨得花錢吃飯，即使是經濟不景氣，馬德里的街頭咖啡座照樣擠滿了顧客。 3 馬德里太陽門廣場上的「熊與楊梅」（Oso y el Madroño）是觀光客最喜歡一起合照的景點。

待在馬德里讓你HIGH一年

選擇遊學的城市是一門大學問，它關係到你的異國生活是否有趣、多采多姿。有人建議我去很漂亮的巴塞隆納（Barcelona），但那裡的人不愛講西班牙文，因此讓我很猶豫；有人說Alcalá de Henares有個大學附設的語言中心，師資素質不錯，而且距離馬德里只有半小時車程；又有人說莎拉曼卡（Salamanca）很好，是個歷史悠久的大學城，而且物價便宜，這個提議曾經讓我有點心動，但我還是覺得這些城市規模都太小。後來我選擇西班牙首都馬德里，大城市生活費用雖然比較高，但觀光景點和藝文活動很多，很符合我的需要，而且據說樂天成性的馬德里人很好相處。

馬德里緊湊而熱鬧的生活果然讓我分身乏術，在抵達西班牙七個月之後，才去拜訪Alcalá de Henares，它是曠世巨作《唐吉訶德》作者塞萬提斯的家鄉。我在一小時內走完小鎮所有的景點，很慶幸當初沒有選擇這裡當作遊學地點。若在這裡待一年，或許可以讓我專心唸好西班牙文，但馬德里的生活卻讓我得到完全不同的享樂經驗，也度過了人生最瘋狂、最盡興的兩年時光！

我先是在網路認識了住在馬德里的台灣女生，又透過她的日本朋友間接認識一群喜歡日本文化而上日文課的西班牙宅男。他們是喜歡看電影、iPhone不離手、愛吃愛玩又愛講話的Luis、Alberto和Manuel。除了每天固定的西文課，我大部分時間都和這群人混在一起，不是在馬德里逛大街、看電影，就是到餐廳吃飯、酒吧巡禮，要不就是一起出門旅行。

1	
2	3

1 喜歡熱鬧的西班牙人，也沒忘了把美國人的鬼節「萬聖節」做為狂歡的藉口。　2 我的馬德里生活因為這群西班牙、日本朋友而豐富多彩。　3 太陽門廣場上矗立著卡洛斯三世的雕像。

攝影：Luis Rodriguez

西班牙人很愛講話

　　西班牙人大多有位很會煮菜的老媽，週末回媽媽家吃飯是固定行程，過了三十五歲的男人幾乎人人都有個大肚腩。他們從沒想過要減肥，每次都很自豪地拍拍肚子說：「這是花了很多錢在酒吧培養出來的。」跟這群人在週末的酒吧流連沒多久，我終於弄懂這句話的真諦。

　　第一次跟他們出城度假時，週末整整兩天假期，都泡在超過十五間以上不同的酒吧、餐廳吃吃喝喝，打屁聊天。西班牙人是我所看過最聒噪的民族，我覺得他們是為了跟別人說話而出門。曾經看過一部法國電影《與安德烈晚餐》，劇中兩個主角坐在餐桌前，天馬行空地講述自己生命經驗，對話一直持續到兩小時後電影結束。這群西班牙宅男出門旅行，可說是這部電影的真實版，本來以為是因為他們很久沒碰面的關係，但後來我發現他們每次碰面都是這樣講話。不論是在車子裡、在餐廳、或在酒吧，他‧們‧就‧是‧一‧直‧在‧講‧話。對話內容我大部分都聽不懂，因為跟學校老師教的實在差很多。我曾經問過Alberto他們到底都在聊些什麼，他說不外是某本書、某部電影、網路話題、政治、美食之類的事。第二次出門我便準備好錄音筆，把對話錄下來仔細分析，發現這群宅男們聊天的內容五花八門，是一般人聊天時根本不會碰觸到的話題。請問，哪個人會對喬治歐威爾（預言小說《1984》作者）的某部小說有興趣？什麼人聊天時會講到海地的「巫毒」？有誰會知道《Catch－22》這本小說和電影？因為聊天的話題一直在轉換，難怪我老是對他們的對話摸不著頭緒。但即使是聽不懂他們在說什麼，我還是喜歡當跟屁蟲，因為這群人是很懂得吃好料的大胃王。

為吃而生的西班牙人

　　我還滿喜歡宅男A老家Soria的特產Torrezno。它有點像帶皮帶肥肉的

培根，豬皮炸得爽脆，配啤酒正好。我也很喜歡在他們選的餐廳吃午餐，燉得正好的什錦蔬菜淋上橄欖油、厚實的牛排、帶著蒜香的海魚、軟嫩的小羊排和令人難忘的藍莓乳酪蛋糕。但是，在兩天之內就去了十幾間酒吧未免也太誇張，宅男們一杯又一杯地灌著生啤酒，若只是喝個飲料也就罷了，偏偏他們又要點下酒菜配啤酒。西班牙是豬肉消費大國，下酒小菜以肉偏多，幾道配酒小菜下肚我就飽了。明明再過二十分鐘就要吃午餐，他們也還是要先去酒吧喝酒吃點心培養吃飯氣氛。

　　某次爬完兩個小時的山，來到村落的酒吧，熱情的村民端來一盤肉和香腸要給我們配酒，盛情難卻之下，只好又加點一杯啤酒。沒想到快要喝完時，酒吧的人又端來一大盤烤肉。喝完兩杯啤酒後又吃了一堆肉，我相信一般人應該覺得很飽才對，但是對於這群西班牙人來說，只要沒有正式坐在餐桌前享用前菜+主菜+甜點的食物，就全部都不算數。從酒吧出來後，本來以為要休息睡個午覺，但他們是要開車出門吃午餐，那時明明都已經下午三點多了！星期天午後，西班牙人通常都逗留在餐廳，賣烤肉的餐廳人潮洶湧，於是宅男又在餐廳酒吧點了飲料。然而喝完啤酒吃完點心，位子並沒有空出來，侍者說還要再等一個小時，大胃王三人組便決定到旁邊的公園休息等位子，臨走前又點了大號潛艇三明治和飲料帶到公園，說是怕肚子餓著了。

1 San Gines是拜訪馬德里的必到之處，幾乎所有的人都是衝著它的吉拿棒沾巧克力醬而去的。
2 馬德里三宅男，從左到右分別是宅男A（Alberto），宅男M（Manuel）和宅男L（Luis），這三個哥倆好帶給我二年的歡樂時光。

馬德里週末的酒吧狂歡

　　除了偶爾週末開車出遊，我們最常在星期五晚上到馬德里的酒吧重鎮Cava Baja報到，窄巷中可以用比肩接踵來形容。若是一個外星人在週末夜晚降落在馬德里，他一定會以為這裡是地球上經濟最繁榮的地方，滿屋子的熱絡交談，感受不到任何不景氣。這幾年西班牙遭逢有史以來最大的經濟危機，每次和台灣的朋友聯絡，大家總是關心地問：「現在西班牙人是不是過得很苦？」如果有機會到馬德里，然後在晚上或假日出門走一趟，就會發現即使在危機時刻，西班牙人過的日子還是比台灣人快活得多。

西班牙酒吧學問多

　　酒吧是西班牙人維繫生命之所在。他們在酒吧喝酒、用餐（包括早餐、午餐、晚餐）、跟吧台聊天、和朋友約會。酒吧分成很多種，從傳

1

統的Taberna（日式居酒屋）、介於中間沒那麼傳統也不是很現代的Bar（像日本的スナック）、到最摩登的Pub（提供洋酒、西式調酒等）一應俱全。我最喜歡傳統Taberna酒吧的氣氛，充滿歷史感。有一天我們約好到某家酒吧喝酒，有了上回短時間轉戰不同酒吧的經驗，這回我做好準備，打算拚它三、四個回合！但那次他們一直逗留在同一間酒吧，喝了三回合。原因是這家酒吧的小菜很棒。在傳統酒吧中，通常會隨酒奉上一碟小菜，這家店第一輪送來的小菜是西班牙海鮮飯，上面綴有花枝和蝦子；點了第二杯酒，送來的小菜更棒，是上面配有各式火腿的小吐司。我吃了山豬肉火腿，覺得比一般火腿來得圓潤順口。這兩盤小菜讓我對這家酒吧的餐點產生興趣，在等待第三杯啤酒上來的時候，我開始打量放在吧台上的各式小菜，後來才知道這個行為犯了「上酒吧」的兵

1 西班牙人最喜歡這樣杵在櫃台和朋友聊天，和吧台哈啦。 2 轟趴時西班牙與日本啤酒總是各據一方。 3 外酥內軟的炸豬肉是典型的西班牙下酒小菜。 4 隨便找一家酒吧喝酒，都可以看到牆上吊著生火腿。

家大忌：「千萬不要在啤酒和小菜上來之前，曝露你對某道餐點很有興趣。」當宅男提醒我這句話時已經來不及了，吧台侍者都是察言觀色的專家，結果，隨著第三杯啤酒上來的小菜竟然是一盤綠橄欖！和前兩盤好吃的小菜相差十萬八千里。

後來宅男跟我解釋，小菜是為了讓顧客品嘗這家店做菜手藝，進而

吸引他們點大餐的誘餌，因為我中計露了餡，侍者估計我們等一下應該會點餐，所以第三杯啤酒只得到一盤最基本的小菜黑橄欖。原來在西班牙上酒吧也是一門大學問，它牽涉到顧客和酒吧侍者彼此之間的意圖和心理層面的角力，酒吧的大宗營利來自於啤酒的消費，侍者會觀察你是否有續杯及點大餐的潛力並且用小菜當釣餌。

西班牙夏天的飲料

在西班牙這段期間我迷上了幾種飲料，啤酒加檸檬汁喝起來很順口，紅酒加汽水，使得原來口味較重的紅酒變得像果汁一樣好喝。這些都是西班牙的夏天不可或缺的飲品，任何一家酒吧都有供應。加了檸檬的啤酒叫做Clara，但我一直不知道這個名稱的由來，有一天在酒吧侍者問我要喝什麼，我說要喝Clara，但他接下來的問題讓我一頭霧水，他問我要哪一種Clara？在我的認知裡，Clara就是指啤酒加檸檬汁，經過宅男指點，我才知道原來可以選啤酒加檸檬汁（Clara con lemon）或啤酒加汽水（Clara con caseosa），這兩種Clara味道各有千秋。啤酒加汽水會保留較重的啤酒口味，而啤酒加檸檬汁的味道比較接近果汁。當我點的Clara和其他人點的啤酒同時擺在桌上時，可以看到加了汽水或檸檬汁的啤酒，顏色明顯比啤酒顏色淺了許多，這也是這種飲料名稱的由來。因為Clara在西班牙裡面是「顏色較淺」的意思。

不經一事，不長一智，生活在他鄉每天有許多新鮮事，隨便去吃個飯或出門逛個街都有新的認知。加上有這三個西班牙宅男當我的顧問，人生重新學習適應環境的感覺真奇妙。

西班牙旅遊局官網http://www.spain.info/
馬德里旅遊網站http://www.turismomadrid.es/

西班牙是歐洲美食天堂

西班牙是水果天堂

　　炎熱的七、八月是西班牙黃香季（ciruela amarilla）豐收的季節，超市黃香李的價格是一公斤一歐元（台幣四十元），一公斤大概可以買到十個。我原本是被它的便宜價格所吸引，買來試吃之後就上了癮，一到旺季就要買一堆回家。無論是單吃或是放在沙拉裡、做果醬都很合適。軟熟的黃香李一口咬下去，甜汁就噴了出來，常常沾得手上都是。可以想像在令人奄奄一息的西班牙

歐洲的水果天堂西班牙，可以看到各種溫、熱帶水果，但我最喜歡的是台灣很難吃到的覆盆子莓果和扁桃（paragua）。

炎夏中，這種金黃多汁的水果是多麼秀色可餐。上網查了資料後才知道，原來它就是徐四金小說《香水》當中的「致命吸引力」。

　　從市場的魚攤揭開序幕到塞納河畔的香水店，葛奴乙運用著他的嗅覺天賦。在暗夜裡，城市一隅的小巷子散發的黃香李與少女的氣味誘引了他，使他忘我追隨那股甜香並殺害第一個少女。每次讀到這一段，文字中那種追尋獵物的顫慄節奏感與夾帶肉慾的黃香李氣味，寫實的生動描述就刺激著我的想像力，彷彿真的感受到夏日慵懶的夜晚傳來的那股似有若無的香氣。但我從來沒看過真正的黃香李，直到馬德里的第一個夏天，那熟透的果子散發出濃郁的芳香，才讓我真正把小說情節與生活做了連結。

便宜又大碗的西班牙農產品

　　物產豐饒的西班牙是歐洲的農產大國，也是水果、蔬菜、稻米、葡萄酒的大宗輸出國，西班牙的農夫很有本事，在法國能夠生產的農作物，西班牙全部都種得出來，不僅品質好而且收成季節也比法國提早許多，黃香李是其中一個例子，葡萄酒也是，在西班牙，十歐元以下的好酒比比皆是，但同樣的價格選不到像樣的法國葡萄酒！因此在歐盟影響力很大的法國，經常運用策略阻擋西班牙農產品外銷。西班牙也生產品質很好的乳酪和松露，提到松露，大家立刻聯想到法國的黑松露和義大利的白松露，但是因為天氣和土壤的關係，西班牙生產的松露比起法國和義大利不僅量大而且質精，宅男說市面上許多法國和義大利松露其實都是用西班牙產品貼牌，也就是我們所說的OEM，我覺得西班牙人不善於宣傳，所以常在講究品牌的市場上吃悶虧，這一點跟台灣還滿像的。

貴族產品平民價格的西班牙松露

　　有一次在馬德里被邀請到日本人家裡作客，這個朋友對吃東西很講究，自從接受邀請之後，我的腦海中就浮現各式生魚片、握壽司、壽喜燒或是大阪好燒這類的經典食物，但萬萬沒想到朋友準備的是燒肉（やきにく），感覺好像沒什麼難度，但是整個用餐過程都是驚喜。主菜燒肉用的是片得很薄的伊比利黑豬肉，總共上了三次，每次搭配不同的調味料，日本燒肉醬，或是撒鹽巴沾松露油。用餐過程不時送上自製小菜，鮭魚子佐山藥泥、秋葵拌芝麻、松茸飯，佐餐酒是西班牙Rioja酒區的紅酒。雖然用的都

1	2
3	4
5	

1 西班牙北部，靠海的加里西亞特產是水煮章魚，軟中帶Q，配上壺裝白酒，有大口吃肉、大口喝酒的豪邁。　2 被巧手裝飾過的鮮蝦海鮮盤，讓人很想大快朵頤。　3 日夜溫差很大的西班牙，是優質葡萄酒的穴場（Anaba），十歐元以下的好酒比比皆是。　4 最會料理橄欖的西班牙人，有各種不同的吃法，它也是喝生啤酒的必備小菜之一。　5 馬德里專賣黑雷斯雪莉酒的老酒吧，人潮滿滿。

是本地生產的食材，但味道卻不輸日本吃到的燒肉。而且配上松露橄欖油和細鹽巴之後，更是讓人念念不忘，吃完後大家都說要去買松露橄欖油。

循著地址找到位於Tribunal地鐵站附近的Barcelo市場，老闆為我介紹店內所賣的松露調味橄欖油（aceite de oliva con trufa），有義大利製，也有西班牙製，西班牙製品容量是義大利的兩倍，但價格一樣，西班牙的松露油來自馬德里北方的Soria，那裡是松露的大宗產地。

松露喜歡粗鬆容易排水透氣的土壤，生長期需要一點水分但不能太多，因為松露無法自己行光合作用，所以必須和橡樹的根鬚共生存活，利用橡樹的根鬚來吸取養分，所以松露產地一般都在林木聚集的樹叢間，如果你來過西班牙，看過矮灌木（橡樹林Las encinar）叢生的大片土地，又經歷過女性大敵的乾荒天氣，就會了解為什麼西班牙松露產量大且品質好。

松露分為白松露（trufa blanca）和黑松露（trufa negro），老闆說白松露做成的調味油味道較濃郁，但價格稍微便宜些，他還告訴我如何利用較便宜的白松露調味油來製作高級松露料理。買了二罐松露油，老闆又送了我一罐西班牙黑雷斯（Jerez，生產高級雪莉酒的酒區）的酒醋（vinagre de jerez）！黑雷斯地區所生產的雪莉酒是極品中的極品，而且在西班牙一點都不貴。

馬德里街頭的品酒課

在語言學校上課時，老師曾提過可以和法國的干邑白蘭地COGNAC媲美的西班牙酒叫做黑雷斯（Jerez），也就是雪莉酒（Sherry）。Jerez是一種葡萄加烈酒，混合幾種特別的白葡萄釀成，西班牙西南部的黑雷斯因為土壤及天氣的關係，生產的葡萄加烈酒品質最好，不過因為西班牙人不善於宣傳，它的英文名字Sherry已經蓋過原來的西班牙文名稱Jerez。法國干邑、波特酒和雪莉酒是葡萄加烈酒當中的「丸子三兄弟」，我喝過法國干邑，波

特酒是有次到葡萄牙旅行才嚐到，而且還是三十年陳年的，至於第一次喝雪莉酒則是在馬德里鬧街的傳統酒吧。

雪莉酒從不甜到極甜分為Manzanilla、Fino、Amontillado、Palo Cortado、Oloroso、Cream、Pedro Ximenez，我們去的這家酒吧只有其中三種酒可以選，Manzanilla（口感輕盈）、Palo cortado（口感豐富）、Fino（口感細緻）。不同風格的雪莉酒可以用來和各種食物混搭，以西班牙食物為例，用清淡的Manzanilla和Fino可以和酒吧裡的小菜（Tapa）、海鮮、白肉魚和味道較淡的乳酪搭配，口味厚重的雪莉酒可以和紅肉和白肉

西班牙生產的白松露橄欖油，是吃燒肉、做沙拉、松露烘蛋的最佳拍擋。

大餐搭配。我們什麼菜也沒搭，因為這杯算是餐前酒，每次在這家酒吧喝完酒，就立刻移師到隔壁的日本居酒屋「AKI」吃大餐。初嚐雪莉酒，我覺得它比常喝的紅白葡萄酒都要醇美，難怪宅男　天到晚約在這裡小酌，而且它真的不貴，一杯酒只要兩歐元（台幣八十元）！

馬德里的貴婦生活

日本朋友Ryoko說，如果西班牙的水果像日本一樣貴的話，她早就入不敷出了。而我的馬德里早晨也是由滿滿一盤生菜水果揭開序幕，裡面至少會放上兩種生菜、五種以上的水果和乳酪，上面再撒上一些脆花生、葡萄乾、杏仁果、核桃乾再配上米餅（gallette de riso）。西班牙當季水果種類多而且價格便宜，對我最有吸引力的是水蜜桃、扁桃（paraguaya）、李子、櫻桃、油桃這類溫帶水果，它們甜美、多汁，又便宜。語言學校裡來自中歐、

1 馬德里郊區小鎮Ocaña，米其林指南推薦餐廳PALIO的番茄鮮蝦酪梨沙拉，用的都是西班牙自家生產的蔬菜水果及海鮮。 2 西班牙乳酪種類很多，便宜又好吃。

北歐的同學，都對西班牙水果讚美有加，因為氣候和價格的關係，在家鄉經常吃罐頭水果的他們來到這裡便狂吃水果，有一個來自芬蘭的長腿妹還因此胖了五公斤。

以前我在台灣喝法國紅酒、德國白酒，來到馬德里之後改喝西班牙的紅、白酒；以前我常吃法國乳酪，如今西班牙生產的各式乳酪佔據我的餐桌；以前我沒吃過松露，但現在經常用西班牙產的松露油做松露烘蛋，好吃又便宜的西班牙農產品，讓我在這裡過著所費不多的貴婦生活。

販賣SORIA生產的松露調味橄欖油（ELFOS aceite de oliva con trufa）的店家
Abaceria Barcelo（Productos Selectos）
Mercado Barcelo, pto. 238
Calle Barcelo, 6, 28004 Madrid Espana
Tel：+34 91 445 76 82

可以喝到很棒雪莉酒的馬德里傳統酒吧La Venencia，永遠是那條街上最擁擠的酒吧，地址是Calle echegaray 7, Madrid

西班牙生火腿令人銷魂

拚死也要吃的西班牙生火腿

　　西班牙傳統老酒吧所提供的酒和Tapas下酒小菜都有一定的水準，其中最讓我驚豔的是伊比利生火腿（Jamon Ibérico bellota）。台灣的統獨問題一到選舉就變成爭執焦點，來到西班牙才發現這個國家也有嚴重的地區獨立問題（加泰隆尼亞、巴斯克地區）。有一次和西班牙宅男到薩拉曼加（Salamanca）旅行，聽到他們說：

1 西班牙酒吧的生火腿都是現點現切，油光潤澤，令人吮指。　2 各式各樣的沙拉米香腸、生火腿拼盤，是到火腿產地旅行時不可錯過的大餐。

「加泰隆尼亞人、巴斯克人要獨立的話，就讓他們去吧！反正他們只會來要錢，對西班牙經濟根本沒有任何好處；但若是Guijuelo（紀惠羅，位於薩拉曼加省Salamanca）或是Jabugo（哈布果，位於Huelva省）要獨立的話，那可就麻煩大了！」

　　Guijuelo和Jabugo是人口僅有幾千人的小村子，但它們掌握西班牙最重要的經濟命脈，從這裡所出產的生火腿是伊比利火腿當中的極品。火腿大國的西班牙有很多地方生產生火腿，所用的豬肉種類也各有不同，豬的種類決定火腿身價。台灣的菜市場，許多肉店強調賣的是黑豬肉，價格雖然高一點但很搶手，吃起來沒什麼豬騷味；在日本「鹿兒島黑豬」是美味的保證；而在西班牙，伊比利黑豬（Cerdo Ibérico）是極品美味的代名詞，西班牙最頂級的伊比利生火腿（Jamon Ibérico）就是用黑豬的後腿肉製成，而黑豬當中最頂級的是吃橡樹子（bellota）增肥長大，用牠的後腿所製的生火腿有個專有名詞「Jamon Ibérico Bellota」，而火腿只要掛上「Guijuelo」和「Jabugo」這兩個村子的名字，身價更是水漲船高。

如何挑選入口即化的生火腿

　　家裡開肉店的宅男L說：「要吃到好的生火腿就像是買彩券一樣，要靠點運氣。」他帶我到百貨公司的火腿賣場，練習從切開的火腿辨識伊比利生火腿的好壞。

　　「妳仔細看看肉中間的脂肪，分佈均勻的就是好火腿。」從他指的那包火腿，我看到油花細緻而均勻分佈，就像鮪魚肚肉或是霜降牛肉、豬肉，透過真空包可以看到切開之後的生火腿油光潤澤。他又說：「除了密佈的油花之外，火腿肉要越紅越好！」我看了另外一包較便宜的生火腿，果然發現它的肉是較淺的粉紅，而不是深紅色。「注意一下中間分佈的白色斑點，那是被火腿吸收進去的鹽粒，這是好火腿不可或缺的部分。」

「薄切之後的火腿外層的白色脂肪至少要有0.5公分厚度！」宅男L指著其中一包火腿說：「妳看這包油花分佈不錯，顏色較紅，但價格比另外一包有同樣品質的生火腿便宜多了，若是我就買這一包。」

　　這就是火腿的彩券理論基礎所在，有時你花便宜的錢就可以吃到不錯的火腿，但花大錢並不能保證一定吃到好的生火腿。我問了生火腿的吃法，宅男L說：「配麵包和酒就夠了。」然後他又補充說：「記得真空包開封之後不要馬上吃，一定要讓它和空氣充分接觸，這時妳會聞到濃厚的堅果香。」

　　芳香而入口即化的伊比利生火腿，絕對是西班牙美食的第一選擇。而能夠找到這幾個對盤的宅男朋友，帶我認識西班牙這個國家，就像是吃到頂級的伊比利火腿一樣，可以說是中了大樂透，運氣好！

賣生火腿的商店，擺滿各種價位的火腿任君選擇。

令人大開眼界的語言學校

語言學校的同學都這麼年輕嗎？

在出發到馬德里唸語言學校之前，我比較擔心的是同學的年齡問題，怕差距太大相處不來。為此還事先寫信問學校，學校說他們有各種年齡層的學生，叫我不用擔心。上課第一天，我發現同學大部分是二十來歲，語言學校以星期為單位，每星期都會有來自歐洲各國的學生加入，果然就如學校所說，陸續有不同年齡的同學加入，從最年輕的十七歲到最老的六十幾歲，大部分都在三十歲以下。

西班牙這個國家物價便宜、吃得不差，擁有歐洲最棒的天氣，允許同性戀結婚、又可以在街上吸大麻，還有什麼地方比這裡更適合享樂？來自歐美的年輕人大都醉翁之意不在酒，他們是來享受人生的，學習語言只是一個藉口。因為住學校公寓的雙人房，學校會幫我安排室友，讓我有機會與來自不同國家、不同年紀的女生一起生活，我發現年輕的女生喜歡參加轟趴徹夜狂歡、到Disco跳舞認識新朋友，年紀大的就傾向主題性的知性之旅，看博物館、看表演。

第一個室友是來自荷蘭的Franca，生活嚴謹的中年女人，每天晚上九點睡，早上五點起床。後來換了在學校打工的德國女生小安，她不太愛講話，而且我們的興趣也截然不同，沒有太多交集。

德國人小安在西班牙精彩的生活

白天要上班的她，晚上都待在公寓客廳與人聊天、喝酒、抽煙；假日時，大部分時間都蒙頭睡大覺，醒來時戴著耳機坐在床上吃飯、或是用電腦看電影，然後在有趣的地方自顧自地笑了起來。

經常在白天蒙頭睡大覺的小安，一到了晚上就化身為截然不同的女人，在公寓客廳與來自各國的人馬周旋。幾個月來，學校公寓來來去去的男人不知凡幾，除了一個來自荷蘭的同性戀男，其餘都是小安的囊中物，因為她長得跟華格納歌劇裡的女武神一樣，高挑健美，老的、小的男人都喜歡她。

1 我和語言學校的同學們最喜歡在公寓的大廳辦轟趴。　2 我的西語班同學大部分都是來自歐美各地的年輕辣妹。

萬人迷德國小飛

我住的公寓位於馬德里市中心太陽門（puerta de sol）附近，客廳每天熱鬧滾滾，各種聚會五花八門，參加的人大都是語言學校的學生和他們的朋友，德國人的啤酒派對最多。公寓的樓友，令人印象最深刻是德國人小飛，他在附近大學研究機構進行短期學術交換，但我覺得他對把妹更有興趣。據他本人表示，之能夠得到這個交換研究的機會，是因為他把無趣女上司變成討人喜歡的女人，有一天女上司跟他說：「小飛，你去西班牙做研究，順便學習如何讓生活更快樂！」小飛很努力地實踐這一點，他很會做菜，只煮給女人吃，經常都有來自各地的德國女人來找他。多跟他們聊幾次，就會發現小飛的把妹招數，他會大家在講話時，突然間稱讚其中一位女生：「天啊！看看她，這個特別的講話腔調讓我好著迷！我就愛她這一點，呵呵！」然後趨上前藉機摸摸小女生的手，弄得小女生咯咯地笑。在學校公寓裡，帥哥小飛與美女

小安各自像個發光的亮點，吸引來自各地的年輕人，直到有一天……

悶燒的火旺了起來

　　小安經常在客廳交際應酬待到很晚，那麼一來，我自己待在房間做功課也不錯。但是，這個世界總是沒有我們想像中那麼單純。漸漸地，出現一個小問題，小飛開始煮飯給小安吃了！有次看到廚房的情景，就問他們，在德國這樣算是正常的嗎？男人在廚房動刀弄鏟煮飯，女人在旁邊看他煮飯？小安大笑了起來說：「沒有啦！事實上大部分情況是相反的。」小飛說：「是我對煮菜很有興趣啦！」嘿嘿！一盆悶燒的炭火開始旺了起來。

　　事情是這樣開始的，常常在我走進房間時，會發現小飛坐在小安的床上摸她的手，這招我老早在客廳見識過。有時我看到他摸在她身上，有時我在夜裡醒來，微光中小飛和小安似乎正悄悄地在做些什麼；有時他們旁若無人，在房間地板滾來滾去。小飛回國之後，換成德國人安迪，之後又來了兩個土耳其男，經常有男人坐在小安床上，我看到後會識趣地提著背包到廚房或客廳繞一圈等他們離開，還有更多小安半夜帶回來的男人就睡在小安的床上，那時我就只能假裝睡著了。

　　終於有一天，小安要回德國，這個消息是有一天跟她同電梯上樓，聽到她跟隔壁公寓的西班牙男人聊天提到的。剛開始我不知道要如何處理這個狀況，要假裝不知道嗎？後來決定表現泱泱大國的風度，主動問她這件事，並拿出台北買的中國結玉飾當作離別禮物。當她看到禮物時，臉上出現驚喜的表情，那是幾個月以來不曾見到的，讓我很後悔，早知道應該在見面的第一天就奉上禮物才對。

　　即使平常沒什麼互動，但我們還是留下彼此的email，等我出門回來，發現她離開前在桌上留下她德國的手機號碼，我想這可能是送禮物的效應。

終於讓我碰到對味的室友

　　某天晚上回到學校公寓，有個女人在我房間，是新來的室友，看起來有點年紀，她叫Rebekka，又是德國人。同一天，另外一間寢室，也來了一個很漂亮的荷蘭女生Marieke，她們兩個都很健談！老天爺終於聽到我的祈求，一次給我兩個很愛講話的室友。

　　為了盡地主之誼，冒著寒風和小雨帶新室友Rebekka認識附近環境及幾家便宜超市，看得出來她經濟拮据，出手不像其他德國同學那麼大方，買個幾歐元的便宜東西都要比價半天，過兩天我們比較熟了，才知道原委。原來她有個同居十年的男友，三不五時跟她借錢，賺的錢不夠用時，還用她的名義跟銀行借錢，為了還債，她週末還要到Disco舞廳兼差，為了還債也沒什麼餘錢出國度假，也因為生活作息不正常，臉看起來比較臭老。

　　Rebekka很喜歡街上的西班牙男人來搭訕，每天跟我描述街頭冒險故事，當搭訕的人問她年紀時，她一律昧著良心回答二十五歲！我偶爾會帶她參加西班牙宅男的聚餐活動，宅男說，Rebekka是個很好相處的女人，神經很大條而且看起來不怎麼用大腦。我想也是，因為縱使男友對她這麼壞，回德國前　天，她還在煩惱到底要幫男朋友買什麼禮物比較適合？我問她：「這種男人妳還要跟他在一起?!」她說在德國一個人租房子很貴，而且她男朋友說總有一天會還她錢！

　　相較於Rebekka碰到的爛芭樂男人，Marieke的愛情問題比較簡單，愛她的男人她不愛，她愛的男人不愛她，我們常在房間聊各類男人的優缺點，話題很聳動，Rebekka常說：「妳不覺得我們三個人很像《慾望城市》的女主角嗎？」

　　由於晚上我常在房間敷美白面膜，Rebekka和Marieke看了也興致勃勃想要嘗試，我搬出所有家當告訴她們敷面膜的好處，在試過好幾種之後，隔幾天她們也從店裡搬回一堆行頭，所以我們的娛樂之一就是在家裡保養

敷面膜。

　　Marieke很年輕，只有二十四歲，看起來對於朋友年紀很不挑剔，她和年紀比她大很多的Rebekka經常跑Disco舞廳探險認識朋友，嘗試各種新奇事物，我對吵鬧的Disco敬謝不敏，但很樂意和她們到餐廳吃飯，也常邀請她們參加我和宅男的酒吧聚會。Rebekka回國前一天我買了德國人最喜歡吃的烤雞和一些中國菜請她，謝謝她給我很愉快的學校公寓生活。至於Markeke，我們也一起在馬德里度過許多愉快的時光！

　　在馬德里認識的朋友當中，一開始就很合得來的人，到現在還是經常聯絡，泛泛之交則很快就失去音訊。交朋友本來就是很隨緣的事，不過我倒覺得住在學校公寓是正確的選擇，有幾個同學，是因為下課後到我公寓吃飯聊天而結為好友，要交到好朋友還是需要靠天時、地利的搭配啊！

我上課的語言學校位於馬德里的鬧區，吃喝玩樂一應俱全。

我的媽媽是漢堡！？

無所不在的德國觀光客

　　七、八月暑假，來自中歐或北歐年輕學生成群往南移動，端看他們想學什麼語言就到那個國家，我覺得這種以學習語言為藉口的度假方式真的很棒，兼具放鬆心情、學習和交新朋友。有個義大利同學說義大利很多人想學德文，因為德國觀光客帶來的商機無限。西班牙也不例外，幾乎可以在任何一個角落發現德國人，有海灘的地方更多，他們擠滿瓦倫西亞、南部的安達魯西亞及馬約卡等等有海灘的地方。西班牙在經濟方面真像是德國的殖民地，沒有這些德國人在經濟上的貢獻，西班牙鐵定會更慘，例如在西班牙北部的聖雅各朝聖之路，因為經濟不景氣的關係，德國遊客少了很多，而且出手也不像以前那麼大方，以致於當地的旅館、酒吧相關行業哀鴻遍野。

　　經過這段時日的觀察，我覺得亞利安民族真的滿優秀的，不論是我在學校碰到的、或是在聖雅各朝聖路（Camino de Santiago Compostela）認識的德國人，幾乎都是男的俊美，女的俏麗，若把同年紀的歐洲人集

來自德國的Markus是醫學院三年級的學生，利用休假兩星期到馬德里來上西文課。

中起來比較外觀，德國人不論在任何方面都出類拔萃，個子高大、體格強健、金髮碧眼，個個都像華格納樂劇中的齊格菲或女武神。朝聖路上碰到的德國人，不論是獨行或是一群人同行，不論老年人或年輕人，一律都佩戴高檔裝備，整潔乾淨、紀律嚴謹，讓我覺得他們簡直像一列所向披靡的軍隊。

媽媽是漢堡的德國俊男ALEX

　　住在學校公寓的德國人Alex也是我的同學，活脫脫就是華格納樂劇《指環》當中的英雄形象，金髮碧眼，年輕而且俊美。通常我跟這種人都沒什麼交集，只能把他們當做神一般的崇拜，但是有一天他在上課時講了一句話讓他在我心目中從崇高的神祇降為凡人。那次他在上課時提到回德國後，要到漢堡大學研讀法律，老師問他為什麼要選擇漢堡這個城市，Alex說：「Por que mi madre es una hamburguesa.」（我媽媽是個漢堡），雖然我們都知道他要講的意思是「因為我媽媽是漢堡人」，但當他講完後同學都大笑起來，因此Alex在我心目中的形象也就破功了。

在歐洲與帥哥交談如沐春風

　　後來有幾次在公寓廚房遇到他，深入聊天後發現他很親切、健談，跟學校隔壁麥當勞特價一歐元的漢堡一樣平易近人哩！在台灣，帥的男人碰不得，因為他們都被女人寵壞；在印度、尼泊爾，帥的男人都有「種馬」的嫌疑；在歐洲，身材好的帥哥很多，而且只要他們沒有到過亞洲，沒有嚐到被眾多女人捧在手掌心寵愛的甜頭，基本上都是和藹可親，有問必答，所以我還滿享受在歐洲與各國帥哥交談的經驗。

馬德里的無料歌劇

午夜在馬德里街頭哼小調的台灣女人

　　接近午夜的十一點半，歡欣雀躍地走在馬德里街上，摸摸口袋裡的五十歐元（台幣兩千元）紙鈔，它還在，嘴裡情不自禁地哼起小調，讓路人看見都露出驚異的表情，他們可能在想，這個東方女人在深夜、在朋友歡聚的星期五夜晚卻單獨走在街上，但為什麼她還是露出快樂又興奮的表情？

　　星期五下午六點和日本朋友W約好在歌劇院（Opera）地鐵站碰面，隨意抬頭看了對面皇家歌劇院（Teatro Real）的看板，發現那天正在上演莫札特的歌劇《狄托的仁慈》（La Clemeza di Tito），這部算是莫札特的冷門歌劇，既沒看過DVD，也沒聽過劇中的任何歌曲，但因為是莫札特，所以引起了我的興趣。

　　朋友來了，我們先到歌劇院售票口打探行情，只剩下最高的票價一百六十歐元（台幣六千四百元），馬德里的皇家歌劇院一向賣座，經常都在客滿狀態。於是我跟朋友附近咖啡店閒聊，到了七點半左右，我又回到歌劇院，歌劇八點開演，這個時候想要進場或有票想賣的人都集中在大門口。我朋友是一板一眼的日本人，對於我的買票策略非常驚奇。對她來說，買票就是要去售票口，但我竟然站在門口張望，從每個人的臉孔和身體語言找出想要賣票的人，這種方法對她來說簡直匪夷所思。然而經過無數次歐洲各大音樂廳、歌劇院的歷練，現在我的判斷力幾乎是「神準」，差不多到了百發百中的地步。我站在門口瞄了幾眼，走向一位中年歐吉桑，問他是不是有票要賣。

　　歐吉桑果然點點頭，但是他的票券面額是一百五十二歐元。我請他開價，他卻反問我想花多少錢購買。一旦碰到這種情況最棘手，因為開價太

低會冒犯別人，我想了一下後，便老實跟他說：「我喜歡聽歌劇，雖然身上有五十歐元（台幣兩千元），但用五十歐買一場我不熟悉的歌劇票對我還是太貴，所以我得要好好想一下。」聽到這裡，歐吉桑直接把票遞到我手上，然後說：「這張票是我朋友不能來，所以是多的，妳慢慢想要付我多少錢，我先進去，反正等一下我會坐妳旁邊。」

一個慷慨的西班牙歐吉桑

我喜孜孜把票收下，問朋友身上是否有零錢，我想把五十歐紙鈔找開，付給歐吉桑四十歐元就好，這是我對不熟悉的歌劇所能忍受的極限。朋友說她沒有那麼多零錢，我們走出歌劇院，沿路找店家想要把大鈔找開，但星期五夜晚，到處都擠滿了人，在排隊等待的時間，我認真的想了一下，相差十歐元也只是台幣四百元，面對一張台幣六千四百元、位置很好的歌劇票券，多付給歐吉桑台幣四百元似乎也不為過，於是我又揣著那張五十歐元紙鈔走回歌劇院。大廳裡，有個男人對我微笑，仔細一看竟是剛才那個歐吉桑，於是我們就在開演前二十分鐘站在大廳聊天，我很興奮地告訴歐吉桑不久前巡迴歐洲聽歌劇的經驗，他也興致勃勃問我到底聽了那幾部，說他年輕時也跟我一樣。

聊了沒多久，我掏出五十歐元紙鈔遞給歐吉桑，神奇的事情發生了，他說：「不用啦！No te preocupes！」我以為我聽錯了，再遞一次，他還是說不用！

原來，歐吉桑在馬德里皇家歌劇院和Auditorio音樂廳有定期票座位，我們互留email和電話，他說下次若有多出來的門票或是他不能來聽音樂會時，可以把票送給我。不管是真是假，這個提議真是讓我很雀躍，因為他的座位是在一樓面對舞台的正中間，他說下一季他想買前面一點的座位，我那時才知道原來有錢人就是這樣子花錢的！

馬德里皇家歌劇院的國王包廂座位。歌劇院對面就是國王居住的大皇宮，我住的學校公寓離這兩個地方是走路兩分鐘的距離。

　　我去過馬德里皇家歌劇院五次，每次坐在三十歐到五十歐之間的位子，還要在挺直身子探頭探腦才能看到舞台，雖然這麼努力，有時候只看到一部分的舞台，而一百五十二歐的位子只要輕輕鬆鬆坐在那裡不動，皇家歌劇院最華麗的舞台佈景就呈現在眼前，原本以為無趣的歌劇《狄托的仁慈》，因為舞台佈景、演員服裝、走位加上優美的歌聲而讓人看得興味盎然。

一個快樂的台灣灰姑娘

　　中場休息時，我請歐吉桑喝香檳，很愛莫札特的歐吉桑舉起酒杯說：「敬莫札特！」在之後的聊天，歐吉桑跟我講了更多的事，他說年輕時很努力工作，開了自己的公司，為了拓展生意，經常去香港和中國出差，幾

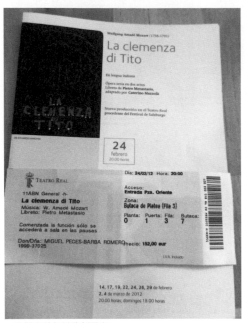

一生難忘的無料歌劇票券。

年前趁景氣還不錯時把公司賣給中國人，現在差不多在半退休狀態，平常就住在托雷多（Toledo）的鄉間別墅，享受田園生活，因為以前經常搭飛機出差，現在除非不得已再也不想當空中飛人，有節目時就開車到馬德里來聽音樂會、看歌劇，生活過得很愜意。

一般西班牙人面對不熟悉、西班牙文講得很爛的外國人，通常不想浪費太多時間，但這位歐吉桑跟我聊得可真多，我猜因為他以前經常到亞洲出差，比較了解亞洲的狀況，有些井底之蛙的西班牙人看到亞洲人，就以為他們還在過著水深火熱的貧苦生活。

歌劇結束後，我跟歐吉桑道別並謝謝他給我一個像灰姑娘般的奇遇。馬德里皇家歌劇院，莫札特寫的最後一部歌劇《狄托的仁慈》，加上一個慷慨的西班牙人，讓一個台灣女人，在歌劇結束後很開心地在馬德里街頭歡欣、雀躍、情不自禁地微笑起來，讓路人都納悶「為什麼她看起來這麼快活?!」

馬德里皇家歌劇院
http://www.teatro-real.com/

在西班牙還可以上英語課

忙到爆肝的馬德里學校生活

馬德里有很多免費的活動和課程，這讓我那貪小便宜的歐巴桑性格發揮到極致，因為上課上太多，簡直忙到快爆肝。早上九點到十二點二十分是付費西語課，下午四點到六點是移民局免費西語課，晚上七點到九點上付費日文課。有一次在移民局公佈欄看到另一個免費的英語課程，想說反正免錢，又可以學更多的西班牙文，於是趕緊報名。

英語課班上的同學全部來自南美洲，有秘魯、哥倫比亞、厄瓜多爾、智利、玻利維亞，再加上來自烏拉圭的英語老師，一屋子的人只有我的西班牙文最菜，其他人的母語都是西班牙文，也只有我想學西班牙文。

西班牙語系的人學習英文有障礙

不過同學的英文比我的西班牙文還遜，老師從很基礎的英文開始教，我對上課教的英文沒有興趣，因為實在是太簡單了，只想弄懂老師及同學在上課時講的西班牙文。因此當同學拚命要弄懂講義的英文單字時，我反而一直在問他們這些單字的西班牙文要怎麼說。西班牙是歐洲英文講得最差的國家，西班牙語系的人和日本人一樣，在英文發音有很大的障礙，有一些很簡單的英文單字，這些同學竟然發音發不出來。上日文課或英文課時，我的程度都比同學高很多，所以大致上還可以跟得上老師用西文授課的內容，但只要他們一開始聊天講別的事，我就一頭霧水，我深深覺得課堂上教的東西與日常生活用語真的差很多。

移民局的英語課總共八次，課程重點放在餐廳和旅館用的英語，來上課的同學大部分都有當過waiter的經驗，這些來自南美洲的同學因為西

班牙經濟不景氣，很多人被原來工作的餐廳開除，趁這段時間到這裡加強英文再去找新工作，課程還沒結束，就有兩個同學找到新工作，大家起鬨要去他們工作的餐廳吃飯，然後用英文點菜考考他們是否真的學會了。

秘魯同學聽到我講英文竟然哭了起來

上了幾次課之後，最後幾堂課進入實習階段，同學要輪流當服務生及顧客練習英文對話。雖然講英文對我不是難事，但要當服務生對我算是頭一遭，在練習過程中不是忘了鋪桌巾、排餐具，就是忘了先給客人菜單，要不就忘了收拾桌子就問他們要上甜點或咖啡。經過這幾次練習，深深覺得隔行如隔山，每個行業都是一門學問。和我相反，我的同學們端盤子、上菜都很俐落，但就是英文講不出來，也因此實習課發生很多笑話。

我比較喜歡當顧客，只要「出一張嘴」點菜，跟服務生說食物不好吃、飲料不夠冰、加一根湯匙，比當服務生簡單，只有在這時英文才可以全力發揮。有一次實習課，三個同學選擇當服務生，五個人當顧客（我是其一）。先是要服務生端啤酒來，喝了之後嫌啤酒不夠冰，要他加冰塊，扮演服務生的智利同學手忙腳亂，又要想辦法擠出英語回答我時，我又補上一句「湯匙太髒」，叫他換一支！這時智利同學突然間冒出一句：「Joder（西班牙文的三字經），這個中國女人怎麼這麼難搞啊！」全班都笑到快要翻過來，只有來自秘魯的女同學Leine大聲哭起來，說：「她講這麼多英文，我不知道怎麼辦啦！」因為下一個就輪到她當服務生。

剛到馬德里，為了維持日文程度，去上了幾個月的日文課，我很喜歡反向操作的語言學習方法，可以同時學到兩種不同的語言，又可以認識當地西班牙人。現在加上英語課，同學換成南美洲來的一群人，更加有趣。過不久又在公佈欄發現一個免費法文課程，若是老師用我不太熟悉的西班牙文，解釋我也不太熟的法文，不知道情況會變成怎樣?!

同學來自五湖四海

每個人都抱著希望來到西班牙，但是……

除了早上的付費西語課，有人介紹我去上移民局西語課，總共五個月的課程，因為免費的關係，報名的人很多，但天天來上課的人很少。比較常來的同學有香港人錦樹（中學開始在法國受教育，大學畢業到西班牙遊學）、迦納人Timothy（齙牙、講話漏風的黑人，是班上的開心果）、巴西人Rojean（來西班牙當廚師，認識克羅埃西亞的老公後，定居在西班牙，她說巴西治安很差，每天有很多人陳屍在街頭）、巴西人Romario（安靜不太講話的巴西男）、烏克蘭金髮妞Magrita（嫁給西班牙人，身材超級棒）、烏克蘭美女Maria（大學畢業到西班牙學西文）、俄國妞Mariana（很想跟西班牙男人結婚取得居留權，但是她說西班牙男人都不

我的語言學校的同學們，他們來自法國、巴西、義大利、俄羅斯、比利時。

想結婚！很傷腦筋）、俄羅斯的藍眼金髮妞Polina（在俄羅斯聖彼得堡擔任英文老師，但因為那裡水質太差，影響健康而到西班牙找工作）、菲律賓人James（在大樓擔任清掃工作）、肯亞人Ann（在西班牙人家裡擔任保姆）。

有些人這麼窮，有些人這麼有錢

　　每個同學都有他們來西班牙的理由，因此最關心的話題是西班牙的移民法律，大家都想要申請工作居留證，因為非法居留工資很低，入不敷出。下課後，很多同學留下來使用移民局的免費電腦，一台筆電其實也不貴，但有很多人就是買不起。跟這些人比起來，我算是很幸運的，有長期的學生居留證，不用打工也有足夠的錢過日子。若沒有認識這些來自第三世界國家的同學，我不會知道可以到西班牙遊學是一件多麼幸運的事，面對無家可回或是不想回國的他們，才了解到覆巢之下無完卵的真正定義。

　　在付費的西文課，學生大部分來自已開發國家，譬如歐洲各國、亞洲的日本、台灣，大家的目的都是度假兼上課；免費的西文課學生大都來自非洲、東歐（保加利亞、羅馬尼亞、波蘭，他們得要想辦法打工賺生活費，這兩個地方的學生素質有非常大的差別。同時會出現在這兩種地方的人是中國人和俄國人，這也反應該國貧富懸殊的社會現象，中國和俄羅斯的Nuevo rico（中文稱為暴發戶或新富階級），有錢到令人難以想像，光鮮亮麗，全身名牌。免費語言學校的俄國人，不論男生或女生，大都個子高挑好看，但因為政府政策錯誤，讓他們在國內活不下去，只能出國討生活。Polina老家在西伯利亞，她說那裡很多退休的老人每月只靠一百歐（台幣四千元）的退休金過日子，工作機會很少而且工資也不高。這讓我想到付費語言學校也是來自西伯利亞的Alixandra，每天穿著名牌衣服過豪奢生活，她是在西班牙格拉納達度假時，認識現在的西班牙有錢男友。

同樣是我的同學，又來自俄羅斯，她們的際遇卻有天壤之別，Alixandra是新富階級，而Polina和班上的其他俄國同學，是買不起電腦的俄國新貧階級，而且絕大部分是非法居留。

學會珍惜所擁有的一切

在這兩種地方上課，教室的氣氛落差非常大。上付費課程時，因為學生都聰明伶俐，加上語系相同所以學得很快，我在班上常覺得自己像個傻瓜。而免費西語班同學因為程度較低，加上平常要打工，課堂上經常搞不清楚狀況，這時我就覺得自己好像還滿聰明的。

移民局語言班後來換了新老師，她經常利用下課時間跟我們閒話家常，有一次她問一個來自羅馬尼亞的男生為什麼來西班牙，他的回答讓全班同學大笑起來，因為他說：「vengo para robar.」（我是來偷東西的。）

羅馬尼亞有很多吉普賽人，這個國家給大多數西班牙人的印象：男人當小偷強盜，女人、老人小孩在街頭當乞丐。據我的觀察，羅馬尼亞人似乎是一個有點脫線的民族，他們很聰明，但生性愛好自由，注意力無法集中。語言班兩個羅馬尼亞人都是問題學生，一個上課講話講不停，另一個每天不是忘了帶課本就是忘了帶原子筆，上課愛作怪，但看起來都很聰明。

我住的學校公寓，有個清潔女工叫Dora，和她第一次見面，她說她來自羅馬尼亞，但馬上又補充一句話：「我和其他小偷強盜的羅馬尼亞人不同，我有正當工作。」那時很納悶幹嘛要強調這句話，後來我終於知道原因了。

我的同學是乞丐

有一天在馬德里街上閒逛，來到太陽門廣場附近的Calle Carmen，看

西班牙的教堂外總是坐著乞丐。

到教堂的門開著，就想進去參觀。有個年輕女生坐在門口，手上拿了一本薄雜誌捲成圓筒狀（就好像我們吃冰淇淋時拿甜筒的姿勢），猛然一看好像是逛街逛累了，坐在教堂門口休息，但仔細一瞧，她不就是很愛講話的羅馬尼亞同學Christina嗎？她看到我露出不知所措、很想藏起來的表情，本來是想跟她打招呼，但是在衡量整個情況，決定假裝不認識走進教堂。為什麼呢？因為這時教堂裡面正在做彌撒，再過一會兒，做完彌撒的人會從同一個門走出來，基於捐錢做善事的心理，他們會施捨一些錢給坐在門口的乞丐，而Christina就是坐在門口的乞丐之一。

　　馬德里Gran via附近有一條街，常被稱為妓女街，每天從早到晚有很多盛裝打扮的女人站在街旁，看起來好像是在等朋友，但她們其實都是妓女。每次經過那條街都要快走，以免被誤認為是賣春婦，街頭賣春婦大都來自東歐及蘇聯的年輕金髮妞，我真心希望永遠不會在這條娼婦街上看到Christina。

華麗的冒險——聖雅各朝聖路

無關宗教的一段路

　　曾經走過一段大甲媽祖遶境，來到西班牙後，接觸到聖雅各朝聖路（Camino de Santiago de Compostela）相關資料，據說很多人在聖雅各朝聖路重新找到自我，又聽說那裡可以認識來自世界各國的朝聖客，還有機會練習講西班牙文。於是才到馬德里一個多月，我就跟語言學校請長假，帶著眾人的祝福進行我的華麗冒險，沒什麼大野心，只是單純想要知道什麼是朝聖路。

　　在台灣，如果我說要花一個月徒步八百公里，一定有人會潑冷水反

騎腳踏車走朝聖路的這位仁兄，走了幾天路之後覺得太辛苦，途中買了腳踏車繼續他的朝聖路。但是他說：「走路是腳痛，騎腳踏車是屁股很痛！」

對，一個女人家出門，路上很危險之類的話。但在西班牙，大家都會投以羨慕眼神鼓勵你去。這條朝聖路在西班牙，甚至整個歐美都是熱門旅遊項目，有人把它歸類是「探險」路線，有人覺得它很「浪漫」，大家都想去，但都止於口頭說說，付諸實際行動的人很少。這條開始於西元九世紀的朝聖路，是因為在聖雅各城（Santiago de Compostela）發現耶穌十二門徒之一的聖雅各遺骸，初期以宗教朝聖為主的路程，但現在已經被許多人當成挑戰極限的目標！當然它也是認識朋友的大型社交場所。

初次上路，我走的是人氣最旺的法國之路（Camino Francés），它從法、西邊界越過庇里牛斯山（Les Pyrénées）進入西班牙國境，途中會經過西班牙北部幾個大城市，走完八百公里全程，差不多需要二十八至三十五天時間。從庇里牛斯山側的西班牙小鎮Roncesvalles出發，第一天走在山區，風景很好再加上還在興頭上的雄心壯志，破紀錄走了三十八公里，接下來就每況愈下，狀況最差的時候一天只走十八公里。

每天頂著大太陽平均走三十公里，坐在朝聖者旅館用針線縫水泡完全與想像中的浪漫完全沾不上邊，挑戰忍耐極限，把它叫作「探險」倒是真的。八百公里的法國之路總共經過一百六十六個城鎮，沿路經常在掙扎是不是要繼續走下去，但許多小鎮很荒涼，並不是你想離開就立刻可以走掉，通常是下午走進朝聖者旅館，洗完澡吃飽飯，疲勞消失之後就會打消回去的念頭，隔天早上自然而然的跟著其他朝聖者起床，繼續徒步。走進交通便利的大城市最危險，因為那裡隨時有車子可以回到馬德里，只要稍微意志比較薄弱，很快就可以搭上車，幾個小時後就可以躺在家裡舒適的沙發上看電視。

在步行節奏固定之後，就發現一些不時出現的熟悉臉孔，而這些友善的臉孔也變成繼續前行的激勵目標，途中見面時先用「Buen Camino！（朝聖之路愉快！）」打招呼然後打屁聊天。有次我是為了遠離一個鼾聲

朝聖路路線圖。

很大的女人而快走，這個女人打呼跟老引擎火車頭沒兩樣，吵得大家無法睡覺，在朝聖者旅館最困擾的就是打鼾和臭腳丫的味道。跟台灣的媽祖遶境一樣，有很多人是跟天主許願或是為了親人健康而走，在夜晚的朝聖者旅館，會聽到各式各樣的故事，朝聖者來自不同國家，也是鍛練語言的好地方。許多老先生、老太太拖著病弱身體、拄著拐杖慢慢往前走，這樣的情景讓我回想起大甲媽祖遶境所看到台灣歐巴桑、歐吉桑的身影。

追逐美食的朝聖路

朝聖路上的美食是另一個繼續行走的支柱，法國之路經過以奔牛節有名的潘普隆納（Pamplona）、里歐哈（Rioja）酒區、擁有壯麗的大教堂布勾斯（Burgos）或是肉派餅很好吃，櫻桃很便宜的雷翁（Leon），終

點聖雅各城所在的加里西亞地區更是海鮮、海產大本營。當每天的生活回歸到最單純的走路、吃飯、休息睡覺時，一個口耳相傳的餐廳所提供的好飯加美酒，變成你加速前行的終極目標，住進一個設備不錯而且吃得很好的朝聖者旅館會讓你很欣喜，而人的慾望就是這麼容易滿足。

1 不是天主教徒的我，這張朝聖者證書對我的意義是冒險、勇氣、耐力與體力的肯定。 2 聖雅各朝聖路的最常見的路標，標示從所在地到下個小鎮的距離。

剛開始走的時候很怕迷路，後來才發現這個顧慮是多餘，因為朝聖路的標誌做得很好，在這裡GPS完全行不通，黃色箭頭和象徵聖雅各的貝殼標誌最牢靠，這個黃色箭頭帶你穿過城市、進入鄉間、越過河流、跨過高山，我最喜歡紅色罌粟花盛開的鄉間田野、蘋果和櫻桃行道樹結實纍纍的雷翁（Leon）地區，一公斤台幣五十元的鮮美櫻桃、以及海鮮美味可口又便宜的加里西亞地區，它們就像朝聖路上的慰安婦，鼓舞你一直向前走。開始走朝聖路之前，每天若沒有check信箱就會坐立不安的我，一整個月完全沒有碰電腦，過了安穩而有規律的日子，驚險的通過所有考驗，走到終點聖雅各城，拿到第一張朝聖者證書。

也因為喜歡這樣簡單、放鬆

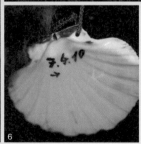

3 朝聖者庇護所的晚餐，聚集來自不同國家的朝聖客。 4 朝聖路會經過以奔牛節（San Fermin）聞名的潘普隆納（Pamplona），這是典型的奔牛服飾。 5 最喜歡的罌粟花大片叢生在田野當中，在炎夏的藍天下非常搶眼。 6 旅途中認識的德國人貝特南，他戴著的海扇貝上寫著他出發的日子。

的徒步之旅，第二年又花了十七天走了另外一趟朝聖路Camino Primitivo和哥倫布發現新大陸前被認為是世界盡頭的Camino Finisterre。第二趟朝聖路全程都在西班牙北部奧斯圖里亞（Asturias）和加里西亞（Galicia）山區，它可以說是我這輩子，除了中央山脈「南二段」縱走以外最愉快的健行路線，上百公里的林蔭大道和美食是最深刻的記憶。

1 從家裡出發走朝聖路的德國人貝特南，在奧迪車廠工作，當我遇到他的時候，他已經走了快三個月，他請我在他的朝聖者護照上簽名，並且幫他取一個中文名字。 2 朝聖路經過西班牙的大小城鎮，有很多美麗的小城，電影導演伍迪艾倫最喜歡的奧維耶多（Oviedo）就是其中之一。

用感官記憶路線的朝聖路

　　通常我們出門旅行用眼睛看風景，拍照把相機記憶卡填滿，而在聖雅各朝聖路卻很不同，我是用身體來記憶路線，哪一段路讓我走到快掛掉，想要馬上坐車回馬德里享福；哪一段路碰到談得來的朋友；哪一段路因為水壺空了而渴到走不下，碰到好心人給我水喝；某一段路有很棒的餐廳，它的布丁超好吃；在兩天便秘之後，某一段路大樹底下有一坨史上最大的大便等等，這些經驗很難用照片來傳達，但卻內化在腦海深處。兩趟聖雅各朝聖路，得到兩張朝聖者證書（Compostela），沒有什麼大道理可講，沒有走過的人很難意會，等你去過了就會知道我想說的。

朝聖者行前須知

裝備：
全程徒步，建議將背包重量控制在十公斤以下，必携裝備如下：
登山背包、睡袋、雨衣、一套換洗衣服（快乾衣褲）、拖鞋或涼鞋、防水透氣的Gore-Tex登山鞋、襪子兩雙、針線（治療腳底水泡）、肌肉酸痛藥膏、水壺。洗髮精、肥皂（洗臉、洗衣）、化妝水、乳液、牙刷、牙膏、牙線、防曬乳液、毛巾、證件等。

聖雅各朝聖路參考網站
http://caminodesantiago.consumer.es/

參考書籍：
1.西班牙文版 El camino de Santiago a pie，ISBN：84-03-50119-6
　 Aguilar 出版社
2.英文版 A Pilgrim's Guide to the Camino de Santiago: The Way of St. James （Pilgrim's Guide to the Camino de Santiago: St. Jean,）
作者：John Brierley ISBN 1844091929 Findhorn出版社

令人目不暇給的瓦倫西亞火節

瓦倫西亞火節記事

在馬德里住兩年，若要比較它與亞洲我所住過城市的差別，我想可以下這樣的註解：「亞洲其實還不差，但得要自己去尋找樂子；馬德里很有趣，樂子多到隨便走都會碰到」。馬德里的日子天天都像是嘉年華會，不是有足球迷上街慶祝贏球，就是在慶祝某個聖人的生日。我住的市區學校公寓，是遊行隊伍必經路線，假日的早上經常會被樂隊打鼓、吹喇叭的聲音吵醒，打開窗戶會看到遊行隊伍扛著神像經過，篤信天主教的西班牙每一個城鎮都有各種守護神，只要某個聖人在天上過生日，西班牙人就會舉行大大小小的慶典（fiesta）對應，男人女人小孩穿上最美的禮服，在街上搖鈴鼓、跳舞唱歌，吃飯喝酒，看過那麼多的慶典，讓我印象最深刻是瓦倫西亞的「法雅火節」（Las Fallas de San Jose）。

1 瓦倫西亞火節時，到處都是這種煮海鮮飯的大陣仗。　2 火節遊行的終點是要向聖母獻花，在最後一天聖母會穿著今年特別設計的「花衣裳」，同一尊聖母，身上的衣服顏色和式樣每年都不一樣，不知道是否會先「擲筊」問她今年想穿那種款式的衣服。　3 從早走到晚的火節遊行隊伍。遊行隊伍頭上是慶典期間特別點亮的裝飾燈，沒錢的社區做的燈比較樸素，有廠商贊助社區的燈飾極盡奢華之能事。

一座冒著煙、冒著香味的城市

在西班牙的節慶日，公園裡常可看到賣海鮮飯的攤子，超大的鍋子咕嘟咕嘟煮著金黃色的海鮮飯（Paella），這種發源於瓦倫西亞的美食，現在已經變成西班牙食物的象徵，當我來到瓦倫西亞參加法雅火節，才見識到整個城市都在煮海鮮飯的大陣仗！人們在小巷子搭起帳篷，做飯、烤肉、飲酒、作樂一直到天亮。

帳篷出入口面對T字形小巷的底端，除非你厚著臉皮走過去參觀，要不然只能遠遠的看到一直冒煙、發出香味的平底大鍋。從圍得密不透風的帳篷，可以聽到帳篷傳出杯盤碰撞、嘰嘰喳喳的交談聲音，帳篷圍得很緊密，讓你完全無法從任何細縫中窺探到蛛絲馬跡，你只能聽到哇啦哇啦的交談聲音、聞到酒菜的香味，這種情景讓我聯想到村上春樹寫的《萊辛頓的幽靈》，一個獨居的男人，夜半被自家大門緊閉的客廳傳來的宴會笑語聲吵醒，他在外面傾聽但是沒有膽子打開客廳的大門一探究竟。走到哪裡都聞得到香味卻吃不到的西班牙海鮮飯，是我對瓦倫西亞最深刻的城市印象。

始於中世紀的火節狂歡

瓦倫西亞的法雅火節，源自於中世紀以聖約瑟（San Jose）為守護神的木匠燃燒木屑的傳統，每年固定在三月一日到十九日舉行，其中以十五日至十九日是最高潮，有各種大型慶祝活動，法雅小姐遊行向聖母獻花活動、爆竹秀（Mascleta）、煙火秀及法雅人偶展示。每個社區要成立委員會籌辦各種慶祝活動，製作代表社區的法雅人偶，人偶在夜晚打燈後特別好看，夜晚遊走在市內各個新舊社區，可以用裝飾在法雅人偶四周的法雅燈光的明亮度及遊客的多寡，來判斷人偶受歡迎的程度，因為每年五、六百具的人偶，只能做選擇性的參觀。

法雅人偶的材料是木製框架和紙，把浸濕的紙漿塑成想要的形狀，然後乾燥成形，隨著科技發達化學材料也派上用場，把大塊的保力龍雕成所要的形狀再進行後製上色。人類的胃口越撐越大，年年都在求新、求大、求變化的人偶，現在已經動用到電腦繪圖，然後在機器裡成形，但朋友翻開舊相簿，用無限懷念的口氣說：「他小時候看到的法雅人偶雖然不像現在那麼巨大，但每個都栩栩如生又精緻。」立在各個角落的法雅人偶，除了大法雅，另設有精巧可愛的小法雅，卡通造型很受小朋友青睞，活動最後一天，經常看到小孩在焚燒小法雅時號啕大哭。

令女人振奮的消防隊員

《慾望城市》曾有一集描述慾女珊曼莎拜訪紐約消防隊的故事，因為她發現消防隊員個個都是勇猛的肌肉男，所以「性」致高昂前去勾搭。如果珊曼莎知道每年三月，西班牙各地的消防隊員都會集中到瓦倫西亞的話，那麼我們在《慾望城市》裡搞不好可以看到一集名為〈慾女四人行：瓦倫西亞火舞篇〉。出發之前，我對法雅火節沒有概念，朋友跟我說：「在焚燒法雅人偶現場，妳會看到許多消防隊員。」那時我心想「你別詐我！只不過燒個人偶那需要動用到消防隊？」第一天走在街上，看到許多緊挨著房子、高達四層樓的人偶，才了解朋友話中之意。焚燒人偶那天，除了消防車，大型人偶旁邊的建築物，全部蓋上一層防火布，但朋友又說：「即使有消防隊用水柱降溫，有些人家裡的窗簾和及遮陽罩還是敵不過高溫而融化變形。」我那時聽完也是抱著懷疑態度，但來到現場，體驗到煙火瞬間爆炸大火燃燒所帶來的威力與震撼，才知道朋友講的都是真的。

三月十九日聖約瑟生日那天，法雅火節來到最後高潮，整個城市炮聲隆隆、火光四起，彷彿進入HBO影集《諾曼地大空降》（band of

1 火節結束，不論做得有多麼精緻，所有的法雅人偶都逃不過被焚燒的命運。　2 法雅人偶。

brothers）的野戰情節，各個街角有許多消防隊員待命，因為這天晚上從九點起到半夜一點多，除了第一名的法雅人偶被保存在博物館，其餘幾百個人偶要在幾個小時內全部燒掉！無論是大中小型人偶，焚燒過程是固定的，一點也不馬虎。社區團體的「爆破小組」在人偶上纏上爆竹、埋引信、拉繩子掛煙火，澆汽油，為了確保人偶可以燃燒殆盡，大型人偶必須事先鑿洞防止悶燒，為了確保有完美演出，準備工作非常仔細，通常團體內會有經驗老到的長者指揮全局，一切就緒後，就開始倒數計時。時間一到，燈光全熄，樂隊奏出「送你上山」之類的離別曲，事先就定位的法雅小公主（fallera infantil）和小王子（principito）在大人協助下點燃引信，剎那間，人偶四周的煙火萬箭齊發，讓人手忙腳亂，因為要搗耳朵，又想要拍照，又擔心到處亂竄的煙火掉到頭上，在煙霧彌漫當中，只能看到霹靂叭啦的閃光，聽到衝天炮往上衝發出尖銳的哨聲及不時傳來的樂隊奏樂聲，等到炮火響聲稍微停息，法雅人偶內部的小火苗往上竄起，碰到易燃的紙漿和保力龍立劇就延燒起來，不到十分鐘精緻的小人偶就化為灰燼，大型人偶需要二十分鐘以上。等到火光及溫度稍降，社區的人就手拉手圍

著火堆跳舞，齊聲高喊事先練好的口號，感覺真像是原住民呼喊祖靈的儀式。

　　並不是所有的焚燒人偶都要請消防隊在一旁待命，因為請消防隊是要付錢的，每年法雅火節大約要出動兩千名警察、一百台消防車、四百個消防隊員，除了瓦倫西亞市本身的消防隊，其他都是從外縣市過來支援。來自各地身材壯碩的消防隊員也煞到很多在場西班牙女人，一直聽到站我四周的女人討論這些消防隊員的身材，嘴巴一直嚷著：「好帥、好酷啊！」若不是他們正在執行任務的話，恐怕這些西班牙女人會像「珊曼莎」一樣撲過去搭訕吧。

3 火節獻花遊行隊伍來自瓦倫西亞各地村落。　4 參加瓦倫西亞火節遊行的女孩。　5 遊行時，女性們穿著特別裁製的禮服。遊行終點是聖母教堂，向聖母獻花時臉部要蓋上薄紗，未婚披白色，已婚披黑色。

讓灰姑娘掃到變成歐巴桑的兩千五百噸灰燼

　　三月二十日早上搭巴士回馬德里，經過前一天焚燒大型人偶的廣場，一切都已都清除乾淨，看不出來任何慶典痕跡，清潔隊員忙了一整晚清運灰燼和垃圾，這一夜之間所產生的灰燼是兩千五百噸，足以讓灰姑娘每天蓬頭垢面，從青春年少掃到變成歐巴桑。慶典期間巴士公司加開很多車，但我從馬德里來回瓦倫西亞所搭乘的巴士，來回都是同一個司機，回程時司機竟然還認得我，這表示我還沒有被三個徹夜未眠的夜晚摧殘得面目全非，因為在慶典之後，我覺得很疲勞而且走路外八很像是大力水手的老婆奧莉薇，不是像珊曼莎一樣縱慾過度，而是法雅火節有太多活動項目，每天在大街小巷穿梭走路十二小時以上，每天看完凌晨施放的煙火，回到家都已經凌晨二、三點，但很多人在看完煙火後，續攤參加狂歡派對一直到天亮才回家休息，西班牙人真的是為了吃喝玩樂而存在的民族。

用錢堆積出來的法雅小姐

　　火節另一個聚焦的活動是法雅小姐的聖母獻花遊行，每年在火節前一個多月就開始選拔社區的法雅小姐（Fallera Mayor），然後再從這些團體代表選出瓦倫西亞法雅小姐（Fallera Mayor de Valencia）。遊行的法雅小姐身穿絲綢蕾絲、精緻刺繡的衣服，特別編織的髮型插著金色髮簪，再佩戴黃金或珍珠綴成的繁複飾品，從現代眼光看來，這樣的打扮有點像是有錢沒地方花的暴發戶。在瓦倫西亞地區有許多專門店販賣這種花紋絲綢布料，價格從最陽春的兩千歐元（台幣八萬）起跳，還有更貴超過兩萬歐元。禮服的穿法、樣式、髮型及配件穿戴方式都有嚴格規定，讓這些法雅小姐沒有發揮創意的空間，所有人看起來都大同小異。在白花花的陽光下，有誰可以分辨頭紗是昂貴的絹絲或便宜的綿質？也很難知道髮簪是純金鑲大溪地黑珍珠或是鍍金鑲塑膠珠子？　剛到瓦倫西亞時，只要看到穿

著禮服的法雅小姐就舉相機，看多了之後，除非真的有特別驚人之處，否則就「視而不見」走了過去。

在朋友家客廳看到一套綠色法雅禮服，翻了他家的老相簿，發現它就是朋友妹妹在十二歲（現在十九歲）所穿的禮服。因為禮服非常昂貴，通常青少年時期做的禮服只要身材不變形，就把折在內裡的備用布料放長就可以，做禮服剩下的布料全部要留下來，因為衣服可以放長，但鞋子沒辦法放大，禮服和鞋子必須用同布料搭配成套，等到青少年時期的鞋子穿不下了，就把剩布拿去請人製成

節慶時男人盛裝打扮。

符合尺寸的鞋子。聽完朋友解釋，才知道要當法雅小姐並不容易，一切都是用錢堆砌出來的啊。

一個被細心呵護的傳統

法雅火節是西班牙三大節慶之一，每年三月吸引上百萬觀光客拜訪瓦倫西亞，它同時也帶動整個紡織業、裁縫業、銀樓珠寶業、人偶工坊、飲食相關產業的發展，甚至還有出版相關雜誌。美國YAHOO曾經在旅遊專欄向讀者推薦「世界上最被低估的城市」（World's Most Underrated Cities），靠近地中海的瓦倫西亞名列其中，我覺得它是很適合居住的城市，天氣不錯，東西好吃、生活消費低，交通便利地鐵明亮乾淨，而且它的法雅火節絕對是一生一定要參與一次的盛會！

一夜查七次的德鐵跨國列車

帶四雙皮鞋的黑人與帶很多食物的台灣女人

在歐洲跨國旅行，除了廉價航空，火車也是主要交通工具，其中以位於中歐的德國鐵路勢力最龐大。它不只在德國境內線路密集，而且還有許多跨國火車，只要以德國任何一個城市為起點或終點的火車，都可以在德鐵（DB）網路買到票。最棒的是DB經常有便宜的促銷票，所以我經常使用它的CNL（city night line）座位夜車，彌補廉價航空沒有涵蓋的部分，省錢也省時間。

美中不足的是它經常客滿，每個包廂六個人，經常要坐在位子上撐到天亮，但有一次從慕尼黑到威尼斯的九個小時車程，包廂裡只有我和另一個不知國籍的黑人。既然只有兩個人，當然要躺下來睡覺，但天底下沒那麼多順心的事，一趟旅行通常只查個三次票的夜車，那個晚上熱鬧滾滾，各方人馬輪番上陣。

經過三個國家，不同國籍的查票員各來了幾次，再加上義大利國境警察也來攪局，那個晚上總共被盤查七次。義大利警察的行徑和小偷其實沒有什麼兩樣，被小偷翻過的房子，遍地狼藉，被警察以安全管制之名搜索過的地方也不相上下。

義大利警察v.s.台灣女人

半夜十二點半，我們包廂門被打開、燈被點亮，有一群人走進來，說他們是警察。我慌忙從躺椅上爬起來，大概是一臉驚慌又睡眼惺忪的樣子，有一個男警察連忙跟我說：「沒事！沒事！不要緊張。」其實好戲才正要開始，他們的搜索目標是和我同一個包廂的黑人，警察把黑人的行李

跨國夜車的終點經常可以看到情侶相擁的動人畫面。

箱徹底翻過一遍。這個黑人的行李箱讓我大開眼界，他有個登機箱大小的行李箱，又帶了很大一包彩色塑膠袋。那個彩色塑膠袋裡面竟然放著至少四雙很正式的西裝皮鞋，我那時心裡想「這真是太詭異了！」這個穿得很隨便的黑人，為什麼要帶著四雙皮鞋？

另一個女警搜查黑人的行李箱，箱子很滿，女警把東西全部翻出來後，再也擠不回去，看起來並沒有找到可疑的東西，一群警察就轉身要走，這個黑人突然間用流利的義大利文說：「你們就這樣把我的東西翻得亂七八糟，好歹應該把東西收拾好吧！」警察覺得他講得很有道理，所以又走回來把東西擠回行李箱，但是不好意思！這個黑人太會塞東西，女警費了九牛二虎之力也無法回復原狀，她攤開雙手做出「沒辦法」的表情，這時黑人說：「好啦！好啦！我自己弄，反正我已經習慣了。」我在一旁吃吃竊笑，覺得膚色黑的人真可憐，常常被認為是壞人。

警察走了，我又躺下來睡覺，但過了十分鐘，警察又回來了，指著架上的登山背包說他們要檢查，我的背包當然也是塞得滿滿，這次警察有自知之明，叫我把東西掏出來給他們看，首先拿出來的是我的老夥伴克蘭詩黃色盥洗包，裡面裝滿瓶瓶罐罐的美容用品，然後是兩公斤在德國買的蘋果，接下來是一袋子滿滿的食物、泡麵和罐頭，看到這裡，我問警察還要不要繼續看？他們兩個人討論了一下，說不用了。背包裡放滿食物的亞洲女人，和行李箱放四雙皮鞋的黑人，這些警察一定在想「這些外國人到底是要來義大利幹嘛的？」黑人到義大利做什麼我是不清楚，但我是要到威尼斯來看很帥的痞子船夫，坐痞子搖的Gondola船。

背包客的好朋友：德國國鐵CNL跨國夜車
http://www.bahn.com/i/view/GBR/en/index.shtml

義大利男人有夠帥

義大利男人是國寶

環遊歐洲這麼多國家，會想要重複拜訪的沒有幾個，但義大利是其中第一名。第一次到義大利，才發現我們所熟知的義大利名牌，其實都是因應義大利人的身材而設計，義大利男人和女人穿起FENDI或是GUCCI非常和諧自然，穿TODS鞋子簡直屌到爆，基本上我覺得除了法國，義大利也算得天獨厚的國家，這個民族不懂得如何打仗，但很懂得打扮。

米蘭應該是最有資格放上「Made in Milano」的城市，這個城市有許多特別的東西，包含藝術、設計、精品與男人，威尼斯貢多拉船夫很不錯，但米蘭男人更是其中的精品，這裡的男人很會打扮，老的小的都一樣，米蘭的精品百貨公司La Rinascente，是我看過聚集最多高檔精品的百貨公司，差不多像是台北的Bellavita貴婦百貨的高檔程度，有整整兩個樓層，全部是賣男人用的各種精緻用品，米蘭男人很注重配件小物的使用，配件讓服裝品味很好的他們更加超人一等，世界上再也找不到可以與他們媲美的男人。北義大利的男人比較高大，穿起西裝、風衣非常有型，通常男人過度打扮看起來覺得很娘，但這裡的男人卻完全沒有這種感覺，穿西裝、手中提著安全帽的摩托車男人更是帥到爆。每次到米蘭，我就變成「狗仔」，成天提著相機在街頭獵豔。

威尼斯痞子船夫百看不厭

水都威尼斯呢？它是貢多拉船夫充斥的世界，威尼斯也是橋的世界，而每座橋都有幾個痞子船夫負責駐守，他們穿著黑白條紋制服杵在橋邊對遊客拋媚眼，使眼色，我猜威尼斯政府為了魅惑遊客，不只是在貢多

拉船夫下工夫，他們連開公共交通船的司機和收票員都是精挑細選過，要不然怎麼會每個都帥得像是服裝模特兒？冬天的公車、公共交通船的司機全部穿著黑色制服，斜揹黑色肩包，無論是年輕的、中年的全部都非常有型，這種黑衣服不是人人可以穿的，但威尼斯人穿起來就是有一種特別的姿態，那是別的民族學不來，而這種姿態創造義大利時裝風格，他們不同於法式的優雅，而是一種玩世不恭的痞樣子。

　　一月的淡季，痞子船夫都在閒聊哈啦，貢多拉船夫對一個人旅行的遊客興趣不大，但有時他們還是會搔首弄姿一下，其中一個船夫跟我說：「妳一個人嗎？要不要坐船？我提一個價格妳一定會嚇一大跳。」他的價格是「五十歐元」（台幣兩千元），我的確嚇一跳，即使有最帥的船夫幫我搖船，我也不願意付五十歐元坐船遊河。知道我去過威尼斯後，很多人問我：「那妳應該有去坐Gondola船吧！那是到威尼斯必做的事情之一。」聽到這裡我才覺得事情很大條，但還是捨不得花台幣兩千元搭船呀！本來以為我可能要永遠與威尼斯痞子船夫失之交臂了，但在第二次重訪威尼斯時，我就跟旅館認識的台灣女生湊了團。

我在威尼斯搭貢多拉船的船夫是個中年帥哥。

即使翻船也要找很帥的船夫

　　我們先到聖馬可廣場的船塢物色船夫，碼頭上有幾個看起來不錯的貨色，年輕金髮藍眼，但在接近目標途中，殺出一個「老灰仔」船夫，開價一艘船一百二十歐，這已經是超出行情價，雖然後來他自動降到一般價格的一百歐，但因為他既不帥又不老實，所以我們決定拒絕他。不久又來一個船夫，比較年輕但不太帥，而且還有點兒胖，雖然是直接開價一百歐，但你知道的，對女人來說，在威尼斯搭乘貢多拉，船夫臉蛋決定一切！縱使技術很差，翻船都無所謂。

　　四個台灣女生意志堅定繼續尋找船夫，又走了幾步，來了個藍眼中年帥哥，價格是維持不變的一百歐，但是因為他夠帥，所以大家決定雇他當我們的「威尼斯船夫」。威尼斯的貢多拉船夫和牛郎一樣，都需要知道如何察言觀色及取悅遊客。

　　有時我搞不懂台灣人出門到底是為了觀光還是為了照相，我在西班牙宅男眼中算是很愛照相，但跟同船這三個年輕台灣女生比起來，我的相機算是廢物。在四十分鐘的船程中，這三個女生一直在船上換位置、擺出最嬌媚的姿態拍照，貢多拉船空間不大，站起來走路很容易導致重心不穩，別人坐的Gondola船都是很愉悅、無限陶醉的樣子，只有我們這艘船一直是「重心不穩定」，船夫一直提醒她們要小心，後來他索性提議，妳們要不要到掌舵台來體驗一下？他的意思是說來跟我一起合照如何？結果當然是一呼百應，這個船夫今天百分之百像個牛郎，左擁右抱非常忙碌，從我們旁邊經過的船，或是他認識的朋友都投來羨慕的眼光。

　　我們的船夫面對四個台灣女生，學校所學的知識完全沒有派上用

1	
2	3

1 義大利街頭隨處可見型男。　2 必須要經過兩年的專門課程訓練，才有資格當威尼斯船夫，臉蛋當然也是必要條件。　3 又瘦又屌的義大利男人。

場。想要當船夫，需要到專門學校上課兩年，學習各種語言、歷史、文化知識，然後再實習半年，通過嚴格考試後才能找公司靠行當船夫。威尼斯有豐富的歷史，許多作曲家如莫札特、維瓦第在這裡住過，我們通過有名的採花賊「卡薩諾瓦」（Giacomo Casanova）的家，據說他一生玩過的女人有上千個。貢多拉船在四十分鐘後又回到聖馬可廣場，從這裡可以眺望威尼斯最壯觀、美麗的海景，貢多拉之旅意猶未盡，彷彿是一場最好的春夢。

在義大利旅行的女人很幸福

我是聽爸爸唱〈Santa Lucia散塔露琪亞〉長大的，小時候，他每次都叫我們兄弟姐妹四個人排排坐好，聽他唱歌，最常聽到的就是拿坡里民謠散塔露琪亞（Santa Lucia），它也是拿坡里海岸線上面的一個城堡。初來乍到，竟然有兩個男人圍著我唱〈Santa Lucia〉，我什麼都沒做，只是想買車票到〈Santa Lucia〉，兩個義大利中年售票員竟然一唱一和在我面前唱起歌。隔天要去看海岸夜景，在車站隨口問一個歐吉桑，140巴士的站牌在哪裡？他竟然開始做起身家背景調查：「妳是日本人？」「不是，我是台灣人。」我怕他沒聽懂我的問題，再問了一次「巴士站在哪裡？」但歐吉桑繼續追問「妳第一次來拿坡里？來幾天？有沒有男朋友？」在這過程中，我大笑，回答所有的問題，但說真的，完全沒有被冒犯的感覺。義大利男人在把妹時，談笑風生，輕描淡寫，得來不費功夫，有幸在義大利旅行的女人，天天都如沐春風，享受被男人捧在手掌心的快樂啊！

威尼斯可以吃到道地中國菜的歐華家庭旅館
http://italyouhua.blog.163.com/

拿坡里最讓人讚賞的青年旅館Hostel Mancini，金髮藍眼的老闆帥又有趣，價格合理。
www.hostelpensionemancini.com

米蘭史卡拉歌劇院初體驗

歌劇院的大驚喜

我很愛看歌劇，尤其是義大利歌劇，男女主角的詠嘆調常讓我聽了熱血沸騰，學習日文也是為了看懂日本NHK小耳朵播放的歌劇節目。因為歌劇我在第一次義大利之旅就來到米蘭，它帶給我很大的驚喜，也開啟日後不斷重訪的序幕。

第一次到米蘭，正好碰到地鐵罷工日，走路逛街是唯一的方法，我沒有問當地人名牌店PRADA、GUCCI的店在那裡，而是詢問前往史卡拉

外觀不起眼的米蘭史卡拉歌劇院，是全球頂尖的歌劇院。

歌劇院（La Scala）怎麼走。這個外觀看起來很不起眼、甚至可說是有點破舊的歌劇院，卻是所有歌劇演員的最大夢想，想在這裡表演若是沒有相當實力會被挑剔的觀眾噓下台。

史卡拉歌劇季很熱門，若沒有在幾個月前預先買票，除非花大錢買黃牛票否則別想進場。下午兩點多來到歌劇院，在四周繞了一圈，發現有個側門聚集很多人，似乎在等待什麼，我知道歌劇院售票處是在附近米蘭大教堂的地鐵站裡，所以這裡並不是賣票的地方，空氣中有種蠢蠢欲動的感覺，好奇如我，很想知道到底是怎麼回事，於是留在一旁觀看。

有個女人開門走出來，人群一擁而上，女人迅速把一張張的票遞給他們，我不知所措，但臉上一定流露出某種非常渴望的表情，那女人在進門前看了我一眼，遞過來最後兩張票。我捧著寫著義大利文的票，跟著人群上了樓，在爬著樓梯同時忐忑不安想著，接下來還會有什麼奇怪的事情在等著？或許有人會在途中把我攔下來。

樓梯的盡頭是一個個的小門，我走了進去，展現在眼前的是我在照片及DVD歌劇節目看過無數次的紅色包廂。管弦樂團池的團員穿的是便服！音樂響起，布幕打開，一群芭蕾舞者飛舞而出，剎那間，門票上寫的義大利文對我有了意義，「BALLETTO L'HISTOIRE DE MANON」，這是馬斯奈的芭蕾舞劇《曼儂的故事》，隔天要在史卡拉首演，那天是最後排演日，我免費拿到的是賣剩的票，三個小時的節目是我畢生最難忘的古典音樂欣賞經驗。

第一次「史卡拉歌劇院」經驗太神奇，也讓我迷上米蘭這個城市，淡季時從馬德里出發的Easyjet機票很便宜，三不五時我就飛到這裡旅行、爬山、看歌劇。有一次鄰座婦人，她把看歌劇用的眼鏡借給我，跟我說樓下某一排坐的是有名的芭蕾舞伶，跟她坐一起的是誰誰誰，我問女人是不是常來史卡拉歌劇院看表演，她用若無其事卻很自豪的口氣說：

1 穿著特別制服的史卡拉歌劇院服務人員，都是俊男美女的組合。　2 在史卡拉歌劇聽完音樂會，穿過精品店林立的艾曼紐迴廊，看到百柱林立的米蘭大教堂矗立在眼前，只能用「走它千遍也不煩」這句話來形容。　3 史卡拉歌劇院內裝豪華，是經常出現在古典音樂DVD的主要場地，我總共在那裡聽了六場音樂會和歌劇。

「Siempre.」（家常便飯啦！）幾趟米蘭之旅下來，在弄懂買票的訣竅之後，只花很少錢就看了許多場歌劇、芭蕾和管弦樂演出，次數多到若是有人問我：「妳有去過史卡拉聽音樂會嗎？」我也可以輕描淡寫地說：「Siempre.」

史卡拉歌劇院的購票秘訣

買便宜票的秘訣是開演前兩小時到歌劇院側門的當日售票口排隊登記名字，運氣好的話可以用五歐或十歐元買到最後的清倉票。當天想把票賣掉的人（包括黃牛）也都會集中在這一個區域，不用急著下手，多問幾個人比較價格，到開演之前會有很多機會。

數不清有多少個夜晚，看完芭蕾舞、聽完歌劇走出史卡拉，穿過米蘭最壯麗的艾曼紐二世購物迴廊Galleria Vittorio Emanuele II gallerie，走過成排光鮮亮麗的精品店，腳踩在大理石拼成彩色圖案的石子道，繼續往前走，眼前會出現壯麗的米蘭大教堂，它那上百根鏤空雕刻的白色尖柱，就像是大甲媽祖廟被香柱插得滿滿的香爐，這條路可以說是走它千遍也不厭！

史卡拉歌劇院官網
http://www.teatroallascala.org/en/index.html

兩個命運截然不同的年輕人

追風箏的小孩v.s.天之驕子

除了歌劇院，米蘭還有一件事讓我印象深刻，那就是兩個二十歲的年輕人。我住的米蘭青年旅館只有男女混合通舖，因為便宜所以也沒有別的選擇，第一天只有我一個人住，第二天下午回到旅館準備晚上去聽音樂會，一進房間就看到一個混合東方與西方、身材發育尚未完成但卻有滄桑、警覺眼神的特別臉孔，我問他從哪裡來，他說阿富汗。因為一本書《追風箏的小孩》讓我對阿富汗這個國家很有興趣，它與伊拉克一樣，是個被美國糟蹋過的可憐國家。

問了他許多國內現況，他說媒體對阿富汗的報導多半不實。大家都知道被美國蹂躪過的國家總是會有很多難民產生，這個年輕人叫作阿塞夫，來自阿富汗北部靠近中亞的地區，他說阿富汗除了靠近巴基斯坦的地區還有內戰，其餘地區的生活就跟一般國家沒什麼兩樣。我們坐在陽光明亮的房間聊天，二十一歲的阿塞夫跟我分享他的故事。在六個孩子裡排行中間的阿塞夫，兩年半前以難民身分被送到挪威。現在雖有挪威的居留身分，但每三年都要到義大利來更新居留。為了等文件下來，每次得待三個月，費用由寄養家庭出。因為語言的關係，他二十一歲仍在唸高中，這次來義大利三個月，回去後又要換班級適應新的同學。

我建議他下次可以試試找尋「沙發沖浪」節省住宿費，也把路上撿到的一本英文版Lonely Planet「西歐」送給他當禮物，書裡會有許多他想要的便宜住宿資料。這本導遊書很重，厚達七、八公分，撿到時本來很猶豫是不是要帶在身上，現在碰到阿塞夫，很慶幸當初做了正確的決定。

阿塞夫有著同齡的人沒有的謹慎，那是離鄉背井到陌生的土地生活

所帶來的影響，但他也有阿富汗人特有的好客，雖然沒什麼錢，但早上還煮了茶、準備麵包和奶油，邀請我一起共進早餐，我拿出馬德里帶來的台灣鳳梨酥一起分享，並把剩下的送給他。

幸福的天之驕子

　　相較於阿塞夫，另一個十九歲的郭珉誠就幸福得多。我和郭珉誠是在史卡拉歌劇院認識的，他和我一樣每天到歌劇院報到，目前在巴黎音樂院進修大提琴，趁假期出門到歐洲各城市旅行、聽音樂會。他買票經驗比我少，所以常花許多冤枉錢買黃牛票，雖然座位在我旁邊，但他的票價是我的三倍。不久後就要回韓國開演奏會的他，選的曲目是德弗乍克和艾爾加的大提琴協奏曲，艾爾加協奏曲的最佳詮釋者是杜普蕾，也是那天音樂會指揮巴倫波因的前任妻子。郭珉誠應該算是個天才兒童，精通許多才藝，同時也是劍道和跆拳道高手，他用這些才藝在巴黎當教練賺零用錢，有幾次和同學穿著劍道服在巴黎的街頭廣場表演劍道決鬥，獲得許多巴黎人的青睞，才幾個小時就賺進四百歐。他每天固定練琴十到十二個小時，也曾在維也納音樂比賽得獎，我說搞不好五年內就會在報紙上讀到他的消息，請他在音樂會節目單上幫我簽名，於是他簽下「郭珉誠」三個字，因為祖父的教導，他也會讀寫中文。他說「珉誠」是琢磨使其發光發亮的意思，就像他每天要練習大提琴讓技藝精進。

　　上天是不公平的，就像阿富汗青年阿塞夫和韓國天才少年郭珉誠，是我在米蘭所碰到最極端例子。

碰到阿塞夫的米蘭青年旅館
Hotel Kennedy
http://www.kennedyhotel.it/eng/index.html

我的羅馬假期

一個在梵諦岡博物館搭訕的男人

我把參觀梵諦岡博物館的最後半小時，留給西斯汀小教堂的米開朗基羅壁畫〈創世紀〉，下午五點半是閉館時間，在前往出口的廊道上有個男人對我嘰哩咕嚕講了一串話，我沒聽清楚，請他重複一次，「妳是不是認識紐約某個柔道教練叫作×××？」柔道？這是我碰過最怪異的搭訕話題，我的身材看起來像是學柔道？剛才我在教堂裡看米開朗基羅的壁畫時，這個男人就坐在我旁邊。

走出博物館，男人邀我一起去喝酒。之前幾分鐘的閒聊，有點意猶未盡的感覺，所以我很爽快答應。坐在露天咖啡座上啜飲他強力推薦的威尼斯汽泡白酒配上米菓點心，三月初的

梵諦岡博物館收藏品數量驚人，博物館金碧輝煌。在廊道上有一個男人跟我搭訕……

羅馬天氣很好，我覺得非常舒適，因為酒很好喝而且坐對面的人非常博學。

　　他談到他的歐洲初旅（拿獎學金研究德國的十九世紀的青年運動），談他在歐洲幾個國家巡迴演唱的經驗（他是業餘合唱團男高音），談他在紐約卡內基廳聽到的帕瓦洛弟演唱會，談他看過無數次的喬治巴蘭欽編舞的紐約市立芭蕾舞團，談他受邀各國講學（他在紐約的大學教哲學）遊歷的經驗。我講我的米蘭史卡拉歌劇院、馬德里皇家歌劇院、英國柯芬園皇家劇院的觀賞經驗以及台北國家音樂廳的彼得許萊亞唱的〈美麗的磨坊少女〉。

　　我們分享旅途中意外買到便宜的歌劇院或音樂廳門票的美好經驗，我們談到最棒的柏林愛樂廳、費雪狄斯考的〈冬之旅〉，他說費雪狄斯考太過無懈可擊，他比較喜歡一個叫作舒茲的歌手。他能說一口很流利的德文，因為學哲學的人都需要讀康德，談話當中他不時唱上幾段歌劇中的詠嘆調或是舒曼及雷哈爾的德文歌曲，他說以前和帕瓦洛弟一樣可以輕易飆上高音C。

　　他問我對米開朗基羅的大衛雕像有什麼看法，我說我覺得它充滿力量和線條，和古典希臘雕像的柔美有些不同，他說除此之外還可以看到大衛想要殺死歌利亞的決心，米開朗基羅賦予大衛意志和力量，這使得承襲古典希臘傳統的他創造了新局而永垂不朽。

他說他的名字叫作KEN

　　我談我想去爬的白朗峰，他談年輕時想去但是沒有去成的馬特洪峰。我建議他去爬日本的槍岳，它有「日本的馬特洪峰」的美稱，但比真正的馬特洪峰容易得多。但我知道他大概哪裡也去不成，雖然還有雙清亮美麗的藍眼睛，但他已經老了，只是有著一副藏在老年軀體中的年輕靈

魂。他八年前從任教大學退休和太太到威尼斯定居，這一次趁著廉價機票促銷，到羅馬來遊玩。

從來沒有如此愉快的對話經驗，關於音樂、藝術，關於美食、美酒，對我來說他像是在打順風牌一樣，張張都是王牌，什麼話題都有涉獵，深入研究。類似法國導演路易馬盧的電影《我與安德烈晚餐》的聊天持續三個小時，他邀我共進晚餐，我推說在減肥而婉拒了。有些事情要適可而止，再繼續

Ken推薦的威尼斯白酒非常好喝。

談下去，以後我可能會覺得其他人講話言語無味、乏善可陳，行過義大利式的三次吻頰禮之後，我們就分道揚鑣了。

他說他叫作Ken，喜歡我戴的貝雷帽，我是他的東方美人；我說我叫Charmian，這個英文名字可以在莎士比亞的劇本中找到。與Ken聊天的三小時，是我的羅馬假期中最美好的禮物。

羅馬住宿 Hostels Alessandro of Rome
http://www.hostelsalessandro.com/en

羅馬有格調的背包客住宿 The Beehive hotel
http://www.the-beehive.com/

諸神聚集的波士尼亞天空底下

偷渡進入波士尼亞

　　波士尼亞（Bosnia）是經過南斯拉夫內戰而獨立出來的國家，它不承認台灣護照，有錢也辦不到簽證，我冒著被遣返的危險，從克羅埃西亞的杜布羅夫尼克偷渡進去，只為了去一趟歷史課本提到的塞拉耶佛（Sarajevo），途中在內戰中惡名昭彰的莫斯塔（Mostar）住一晚。西班牙宅男知道我要去莫斯塔時說：「妳真是勇敢！」許多歐洲人所認識的莫斯塔是來自於媒體報導，它曾經是個槍聲四起的殺戮戰場，塞爾維亞民兵在這裡濫殺無辜、強姦婦女。

　　在前往莫斯塔的巴士上，有個法國女人問我：「今晚住宿有著落了嗎？」我說沒有。聽說車站有很多拉客的民宿，女人就說：「那我們一起找民宿吧！」下了巴士沒看到任何拉客民宿，女人開始緊張起來，我安慰她，若是找不到民宿，我們兩個就一起去找旅館。走進巴士站想查詢隔天到塞拉耶佛的公車時間表，隨口問了窗口職員，知不知道附近有什麼民宿。剛才臉上黯淡無光、行動遲緩的中年胖女人臉上突然出現光芒，我心想她可能覺得有兩隻待宰肥羊上門，很快的從抽屜裡找到資料打電話，然後示意我們在旁邊等待，櫃台女人的英文不好，一旁來了年輕帥哥問我們需不需要翻譯，兩分鐘之內我們搞定住宿，五分鐘後出現一個女人接我們回家。

經歷過內戰的波士尼亞女人們

　　我們也不是什麼待宰的肥羊，因為民宿索價很合理，每人才十歐元（四百台幣），本來以為十歐是兩人一間房的價格，結果老闆給我們一人

1 塞拉耶佛民宿的女主人Taiba就像這樣，在下雪夜晚的巴士站等待我這個異鄉遊子的到來。2 波士尼亞民宿為我和Eliene準備的早餐。 3 波士尼亞莫斯塔民宿主人的小孫女，是他們家族唯一沒有經歷過戰爭的幸福小孩。

一間房，離車站五分鐘，很棒很寬敞的公寓，民宿的女人叫Dada，非常隨和，外頭的溫度差不多是零度，她馬上就泡了熱茶給我們喝。我看她人這麼好，就問她在塞拉耶佛是否有朋友，可不可以介紹民宿，女人打了電話，兩分鐘後塞拉耶佛的住宿也搞定，明天有人會到巴士站舉牌接我。

因為下大雪，巴士抵達塞拉耶佛已經晚上九點半，約好的民宿老闆已經在寒風中苦等一個多小時，這個名字叫Taiba的女人因為受朋友之託，在下大雪的晚上來接我，也因為朋友的緣故，她只收我每晚十歐元。她的家在塞拉耶佛市中心，房子又大又美又舒服，我住兩晚才付二十歐，她在Hostelworld的評價是百分之百，大可不用為了賺這二十歐在大風雪夜晚跑來跑去，但她說承諾就是承諾，波士尼亞人是很重承諾的民族。雖然沒有邦交，但路上碰到這些人，讓我覺得波士尼亞人都是善良而誠實的好人，也讓我對這個國家刮目相看。

莫斯塔是我認識波士尼亞這個國家及人民的起點，它是歐洲唯一的回教國家，回教徒占百分之六十，清真寺到處遍佈。經營民宿的母親Dada和她的女兒及孫女三代住一起，唯一的男人是Dada的兒子，二十七歲，失業中，這個國家失業率超高。男人都跑去哪裡了呢？牆上有一幅年輕人照片，Dada說那是她弟弟，內戰中死於炮火轟炸，我不敢繼續追問Dada的丈夫和她女兒的丈夫在哪裡。

莫斯塔的精神象徵是一座建於一五五六年的老橋，這座橋也在四年內戰中被炸毀，有一段歷史紀錄片描述一九九二～一九九六年內戰期間，老橋被塞爾維亞民兵摧毀的過程，失去橋樑的河流看起來空空蕩蕩，有如波士尼亞人在內戰中被掏空的家產、痛失家人的家庭和流落異國的無根遊子，Dada的女兒在內戰期間被送到義大利，她在那裡度過青少年時期一直到大學畢業才回到家鄉。內戰稍微平息的二〇〇〇年波士尼亞人陸續返鄉，老橋也在二〇〇四年重建完成，紀錄片裡有一段畫面讓我很感動，新

在大雪中被點綴成童話般城市的塞拉耶佛，曾經在南斯拉夫內戰中被圍城四年，上萬人死去，我的民宿女主人Taiba提到這段血腥歷史就激動了起來！

橋落成那一天，成千莫斯塔居民聚集在老橋前面，白紙摺成的蝴蝶在天空中飛舞象徵和平的到來。經濟不振的波士尼亞，沒有錢重建在內戰中損壞的建築，街上到處都是彈痕累累的殘破房子，人去樓空房屋半毀的內戰痕跡，現在卻變成吸引觀光客的景點。

波士尼亞的首都塞拉耶佛在假日充滿生氣，街上人潮滿滿，路邊有人擺攤賣自家農產，波士尼亞的經濟明顯不如克羅埃西亞，但首都的人日子過得還算不錯，購物中心貨品齊全，高檔貨全來自義大利，滿城的人看不到一個東方臉孔。找到上山的路眺望整個塞拉耶佛城，前幾天下大雪讓民宅屋頂積了厚厚一層雪，雪國特有尖聳屋頂的彩色房子羅列在城市周圍山坡，塞拉耶佛真像是童話中的城市，但實際上這個城市的歷史是極為血

1 塞拉耶佛街頭的路面電車。 2 塞拉耶佛老城小巷，販賣舊貨行頭的小店。

腥的。一九一四年奧地利王儲斐迪南在這裡被暗殺而引爆第一次世界大戰；我的民宿女主人Taiba很不想回憶一九九二年內戰期間的悲慘生活，她說塞城被圍城四年，物資全靠聯合國、紅十字會空投供應，對於一個人口三十萬人的城市，可以想像當時情況多麼困苦，每天要在槍林彈雨中排隊領物資，拿桶子去提水，不時會飛來不長眼睛的子彈炮彈，缺水斷電，原本和台北一樣的現代城市生活立刻倒退回到中世紀。

四年之間投在塞城的炮彈共有三千發，超過一萬兩千個兒童死掉。抵達民宿那天Taiba的表妹住在她家，因為隔天要搭長途巴士到挪威奧斯陸幫女兒坐月子。起初想不透為何東歐的波士尼亞有這麼多定期巴士前往北歐國家，現在才明白，原來在圍城結束後很多家庭把小孩送往其他國家，義大利、挪威、瑞典等等願意收容的國家，很多小孩就在那裡落地生根，定期巴士是因應返鄉或探親需求而產生。

不管是哪一個神祇都在天空中微笑看你

移民源自於困苦生活或是逼不得已的戰爭因素，若是能夠和當地人相處融洽的話它會帶來新的契機，但是進入巴爾幹半島的移民就是負面的例子，它被稱為「歐洲的火藥庫」，是由於移民與當地居民的內鬥，有計畫的政策性移民造成不同種族的人混居，加上各自信奉不同宗教，彼此互不相容，這樣的人種和宗教熔爐，同時也是它的迷人及危險之處。從整個西方歷史看來，戰爭發生的因素不外乎是種族、宗教的摩擦，而塞城正好

具備所有的因素。

　　星期天中午十二點，我在眺望塞城的山坡上聽到教堂彌撒鐘聲響起，然後耳邊傳來清真寺呼喚回教徒跟阿拉祈禱的廣播聲。走出民宿，先是看到天主大教堂矗立在眼前，接著又經過猶太會堂（Sinagoga）、東方正教教堂（Orthodox）和回教清真寺（Mosque）。猶太人戴著黑色禮帽經過我身邊，蓄著白鬍鬚的回教老翁從對面走過來，我跑去天主教堂看人望彌撒，在佈置簡潔的東方正教堂看到老人和婦女點蠟燭祈求平安，而我這個東方女人，皮包裡放著她老媽從廟裡求來的觀世音菩薩平安符，身上也帶著朋友送的竹蓮寺媽祖護身符，有時也去大甲鎮瀾宮拜媽祖。

　　這個世界真是複雜而美妙！諸神所在的塞拉耶佛星期天，暫且不管是那一個神祇在天空中微笑著回應你，我們只求平安，沒有戰爭，日日是好日。

塞拉耶佛民宿
Mrs. Taiba Halilovic
email address: taiba.halilovic@hotmail.com
地址：Mehmes Pase Sokolovica 12, Sarajevo

莫斯塔民宿
Mostar: Mrs. Dada Kasumovic
Tel: 036-551-664
地址: U1 lvana Kmdelja 11C, 88000, Mostar

Dada女士家沒網路，所以沒有email address,。距離巴士站約五十公尺。
她不會講英文，可以到站後再請巴士站賣票的人代打電話。

克羅埃西亞旅行中最美好的一天

萍水相逢的法國女人

波士尼亞開往克羅埃西亞的夜車巴士，比預定時間早一個小時抵達，等了快兩個小時，終於坐上清晨五點的巴士前往Sibenik。

相較於其他知名度較高的克羅埃西亞沿海城鎮，這裡沒什麼名氣，但我覺得有停留一天的必要。就如導遊書建議，最好在這裡住一晚。舊城有許多中世紀留下來的小巷弄，夜晚點起街燈之後簡直像是進入迷離幻境般不真實。爬上舊城最高的廢棄碉堡眺望亞德里亞海的港灣風景，紅色屋瓦的民居羅列在海岸上，二月早開的櫻花在寒風中顫動。彎曲小巷之間晃蕩五個小時，我在超市買了一根德國豬腳，打算送給在莫斯塔認識的法國女人Eliene，當天晚上要住她家。

夜半醒來，望著天花板上一點微弱的光線，耳邊似乎傳來海濤聲，但我想這是幻覺，因為克羅埃西亞的海是碧綠而安靜的，我睡在離海邊一百公尺的度假別墅。和法國女人是在前往波士尼亞的巴士認識，本來要結伴同遊波士尼亞的首都塞拉耶佛（Sarajevo），但因為下大雪，禦寒裝備不足的她決定打退堂鼓，而我則繼續深入巴爾幹半島的中心，法國女人在濱海小村租了兩個月的公寓避開法國寒冷的冬天，叫我回到克羅埃西亞後記得去找她。

克羅埃西亞海邊的法國大餐

通常我寧可付錢住民宿或旅館，也不想去打擾別人，但在Sibenik沒看到拉客的民宿，也沒有提供床位的招牌，於是還是打了電話，半小時後來到一個叫作Zaboric的小村，Eliene在站牌等我，並給我一個熱情的擁

克羅埃西亞的千年古城杜布羅夫尼克，是我結識法國女人Eliene的起點。

抱。她帶我回家，給我吃全套的法國菜，前菜是蔬菜濃湯，主菜紅酒燉牛肉，甜點，外加克羅埃西亞產的葡萄酒。

　　飯後我們到海邊散步，因為Eliene想在克羅埃西亞置產，於是帶我在村子裡看她中意的房子。這裡海水清澈，可以看到魚群、黏在礁石間的淡菜和不同種類的貝殼、海膽和各種灰色、黑色的海參，若不是手邊沒有工具，這些海膽早被我撈起來當場剖開吞下肚。法國女人的房東跟她說中國人吃海參，但她有點半信半疑，想不到竟然在旅行途中碰到一個吃海參的台灣人。

1 Eilene站在克羅埃西亞租來避寒的別墅前。 2 克羅埃西亞的杜布羅夫尼克（Dubrovnik）古城。城內有一條石板大道，千年以來被無數旅人的腳步磨得晶亮。 3 Eilene的度假別墅靠近海邊，我們從附近的海裡找到許多食材回家煮晚餐。 4 杜布羅夫尼克靠海，風景美麗。

海膽有尖刺，若沒有工具不好抓，但黑色的淡菜應該是比較安全！我試著從礁石裡採了一些，但牠們竟然牢牢地黏在石縫裡，必須要用鏟子才行。不過後來我們還是找到別的方法採了一袋子淡菜和藤壺貝，那是當天的晚餐。她教我如何烹調淡菜，白酒、蒜頭、巴西里（basil）香菜放在水裡煮滾，然後再把淡菜放進去，等殼打開就可以撈起食用。女人提議我們一起在村子裡合開中國和法國餐廳，若是成真的話，附近海域的海參、海膽不久就要絕跡了。

吃過晚飯後，我們開始玩起敷臉、美容和精油按摩，我把背包裡隨身攜帶的全套法國克蘭詩、歐舒丹保養品及日本面膜搬出來，這次東歐旅行已到了尾聲，剩下的保養品和乳液可以盡情使用，我們先敷克蘭詩保濕面膜，再上日本肌美精保濕面膜，最後再敷上厚厚一層精華液和乳液，兩個女人臉上貼面膜合照的情景看起來有點好笑。

法國女人已經到了放棄自己的年紀，中圍發福，她老公嫌她又老又胖，一年前離婚後，再也沒有新的男人出現，她說這是人生最重大的打擊，因為法國女人是靠愛情過生活。我跟她說要釣男人要先把自己整頓好，她需要減肥＋使用高檔保養品＋吃抗氧化葡萄籽膠囊。女人已經在小村子待了一個半月，對於村子裡的男人瞭若指掌，哪個有老婆，哪個人有怪癖，哪個人對她有意思等等，又跟我講她的情史和她的男人們的故事，故事之精采都可以寫成一本書。因為很投緣，她邀我到她法國的家去玩，她說Troyes是個很好玩的城市，離巴黎一個半小時車程，很漂亮又有很多outlet可逛，這讓我很心動，我本來就是計畫趁簽證到期之前到法國一趟。

我問Eliene為什麼對我這麼好，她說因為我在寒冷的波士尼亞莫斯塔曾給她一個肉餅，又借她一頂羊毛帽溫暖了她的心。

希臘冬之旅

最想去旅行的地方這輩子不能成行

　　對於希臘這個國家我最有興趣的，不是帕特嫩神殿或是愛琴海的小島，而是出現在村上春樹《雨天炎天》書裡的亞陀斯半島（ATHOS），只是我最想去的地方這輩子無法成行，只能等下輩子投胎變成男人。

　　亞陀斯半島上有許多希臘正教的修士在這裡修行，是百分之百的女人禁地。而且不只女人不能去，連母的家禽也不准進入。我曾經想過女扮男裝的招數，但是他們審核超嚴格，除了必須附上護照等等文件，還要在半年前預約，一次只能待四天三夜，觀光客在島上的一舉一動都受到監視。想想，既然連母的家禽都不能進入的地方，像祝英台那樣女扮男裝應該也很快就被識破！

　　本來我的歐遊想要省略掉希臘，傳說因為經濟危機的關係，經常有罷工，而且這裡冬天很冷，愛琴海小島飛機、渡輪都停駛。但來了歐洲沒到希臘似乎有點不太對，況且若是經濟這麼差，還是應該去當觀光客消費歐元當大戶，於是還是安排了一星期的希臘之旅。從繁華熱鬧的米蘭飛到雅典，像是從台北的信義區回到南部鄉下那種落差。星期六的下午來到雅典的市中心Sytagma廣場，完全沒有首都應有的活絡熱氣，通常週末假日應該是人們上街遛達的日子，但雅典街上人真的不太多，天氣則是冷到爆，不只是我，街上的人個個都變成縮頭烏龜，加上冷清的街景，看起來就是一副快要垮掉的樣子。

在希臘深刻感受到歐洲的不景氣

　　不要再把西班牙與希臘比喻成歐洲經濟危機的落難兩兄弟，因為

12 希臘正教的修士，在與世隔絕的修道院，心無旁鶩的全力修行。

西班牙狀況比希臘好得多，以西班牙人樂天的民族性，若口袋還有足夠喝啤酒的錢，他們一定是杵在街頭酒吧喝酒。而希臘人已經接近斯拉夫民族的晦暗氣息，在寒冬的雅典，八點就燈光淡黯的街頭、縮頭縮腦的人們，讓我覺得這裡的人好可憐，很想在這裡多花點錢拚經濟，但才第一天，逛完街就意興闌珊地回到青年旅館，因為街上的店沒什麼看頭。

我發誓我真的想要在希臘消費歐元振興經濟，但是你知道發生什麼事嗎？參觀帕特嫩神殿那天正好碰到難得的古蹟免費開放參觀，於是省下十二歐元門票費。逛完古蹟回到旅館，準備去看八點開演

的歌劇，來到地鐵站看到時鐘是八點半，我以為我眼花，剛才從旅館走出來時是七點多，為什麼現在是八點半，後來才想起我的手錶還停留在義大利時間，比希臘慢一個小時，於是我錯過在這裡看歌劇的機會。

敗興回到青年旅館，看守櫃台的是一個沒見過面的希臘男人，跟他聊天時提到要去天空之城Meteora，他問我要怎麼去？我說昨天櫃台的美國人建議我搭巴士，男人說：「NO！NO！NO！搭巴士比較貴，妳可以搭火車，才九歐元。」我心想搭巴士單程是二十八歐，為什麼火車只要九歐？他說網路上買比較便宜，並協助我訂了總價十八歐的火車來回票，原本是要花五十六歐，於是我又省了一大筆錢。

在馬德里的CAMPER當季鞋，即使是換季也只到八折左右，在義大利看過打七折，但在雅典呢？竟然直接打五折，試穿其中一雙，很滿意，隨口問店員可不可以再降一點，他說可以去掉零頭。竟然可以殺價！我又進一步試探可不可以再降五歐元，店員跑去問老闆，老闆說我若付現金就可以再少五歐。於是一雙當季的CAMPER鞋，原價是一百四十五歐，我用六十五歐（台幣兩千六百元）買到手，在日本同樣一雙鞋子賣台幣一萬元。

首都最大火車站的液晶螢幕顯示板上面打了大×

在雅典待了四天之後，非常期待天空之城METEORA可以改變我對「希臘很無趣」的印象，但當我來到首都最大的Larissa火車站就覺得不太妙，火車時刻表液晶螢幕全部都打了大×，出現的時刻表都是莫名其妙的時間！看到這個光景，不禁懷疑前一天的網路訂位是否真的有用？不會講英文的旅客服務中心人員，用手勢叫我直接到檢票口，檢票員拿出一張紙詢問我的號碼，結果上面真的出現我的名字和訂位號碼，坐上火車，查票員來查票，我也是把號碼拿出來，讓他在紙條上做記號。果然希臘人的腦

袋有點錯位,火車站液晶顯示螢幕不能用沒關係,網路訂票可以這麼方便就很令人感謝!

清晨走出青年旅館,被撒了一身的雪粒,冷到極點的雅典終於開始下雪,火車越往北走積的雪越多,青年旅館職員說,因為西伯利亞南下寒流的關係,這幾天才這麼冷,平常希臘沒有這麼冷。METEORA山區整個早上都在下雪,但下午坐火車抵達時,天氣放晴,在山上看到很漂亮的雪景,那也是希臘之旅讓我印象最深刻的場景:一座飄浮在天空之中的修道院。

熱心又直腸子的希臘人

冬天旅行雖然旅館便宜,但還是有很多壞處,譬如說來到METEORA卻發現上山的巴士停駛,只能雇計程車或是走路。搭計程車上山每趟是九歐元,這一帶六間修道院輪流閉館,閉館時間輪流落在星期一到星期五,所以除非是假日拜訪,否則一天是逛不完的。第一天下午兩點check-in後,旅館老闆載我去看其中一座修道院,車子開到半山腰,有車子在雪地發生事故,老闆叫我走路上山,他只收我半價,於是我下了車,不久,一輛計程車停在我身邊,司機說:「快點上來,修道院三點要關門了!」由於不想再花車錢,於是跟他說我要走路,但那司機又說:「妳會來不及啦!」看到我遲遲不肯上車,司機又講了一句話,聽了這句話,我就上車了。他那句話是說:「免費載妳上去!快上來!」上車才發現這輛車已經被一個智利女生包了車,她跟我坐同一班火車抵達,才停留三個半小時就又要坐五點的火車回雅典。

車子又繼續開了好長一段路,我心中暗自慶幸當時司機有停下來載我,要不然我一定會趕不上修道院關門的時間。他很熱心幫我照相,又載

天空之城Meteora的雪景。

我到更上面的修道院，所以給他兩歐元小費。希臘人外表看起來很嚴肅，長相也不討好，但我發現他們很多都像《希臘左巴》小說那樣，直腸子又熱心。

在希臘搭便車

隔天我決定自己走路上山，把開放的修道院全部走一遍，旅館老闆說，妳可能會很累，因為開放的三個修道院分散在不同的地區。結果我那天早上十一點出門，下午四點半就回到旅館，目標全部達成，因為有三個希臘人讓我搭便車。第一個是開著老舊現代（HYUNDAI）貨車的歐吉桑，我只是跟他問路，他就說要載我到途中的村落Kastraki，立刻少走了

兩公里路。在風雪中參觀兩個修道院，第一個修道院有個希臘男人約我晚上去吃飯，在前往另一邊的Agio Stefanos修道院時走錯路，跟一個開車的歐吉桑問路，他提議要載我去，我怕上了車後他獅子大開口要錢，先問他要多少錢，歐吉桑不會講英文，比手劃腳後還是問不出所以然來，我決定先坐車，不管錢的事。抵達目的地，從錢包裡掏出兩歐元要給他，他搖手說不用，我堅持要給，後來他就指指臉頰，意思是一個吻頰禮答謝即可。

　　來到Agio Stefanos修道院，在入口碰到一個穿得很單薄的美國女生，我們結伴逛修道院，又一起走下山。美國女生研究所畢業後就出門去旅行，從第一站的日本、印度、現在來到希臘，已經玩了七個月的她，沿途的國家天氣都不冷，結果來到希臘被凍壞了，我分了一些食物給她，又問她要不要喝熱水，她不禁讚嘆：「妳的裝備真齊全啊！」

　　我的出門旅行裝備一向齊全，連帽的GORE-TEX大衣、手套、鞋子，背包裡有熱水、水果、餅乾食物，帶一台定焦單眼相機，一台變焦傻瓜相機，有了這些行頭，可以在雪地裡輕鬆玩上一整天，即使是颳起大風雪也不怕。

　　美國女生裝備很差，凍得一直流鼻水，路上一直在找便車，不久後果然來了一台，我們一路坐回市區，又少走四公里的路。就這樣，在歐洲從來沒有搭過便車的我，在希臘竟然搭了四次便車，遊遍了天空之城METEORA（梅特歐拉）。

希臘天空之城梅特歐拉簡介

　　位於希臘中部的奇岩之城METEORA，在一九八八年被列為UNESCO世界遺產。據說是啟發宮崎駿創造卡通《天空之城》的地方。位於希臘中部，離首都雅典五個小時左右的車程。

這些建在四百公尺高岩山上的修道院，與世隔絕，高聳的岩石就像是天地之間的橋樑，對於全心全力致力於祈禱與冥想的希臘正教修士來說，是最好的修行地點，而且可以阻隔外界侵擾。現在已經比較入世，有兩線道路可以搭車或走路抵達各個修道院，以前不僅沒有道路，甚至也沒有階梯，想要上到修道院都要動用滑車工具把人吊上去！希臘文裡面「METEORA」是「浮在空中」的意思。

　　十四世紀時因為戰亂的關係，有許多修行者從北方的ATHOS（亞陀斯山）移到南方避難修行，ATHOS就是那個只准男人進入，連母的家禽都被驅逐出境的地區。所建立的第一個修道院就是規模最大的Great Meteoron，在極盛時期的十五、十六世紀總共有二十四個修道院，現在只剩下六個，其中Agios Stefanos是女子修道院。

雅典青年旅館Student & Travellers Inn
http://www.studentravellersinn.com

天空之城METEORA（Kalampaka）住宿
http://www.aeolic-meteora.com/

廊香小教堂和火車上的男人們

昂貴的瑞士讓背包客搥心肝

爬山和健行是我旅行中不可或缺的一環，舉世聞名的阿爾卑斯山脈，分佈在許多國家的境內，其中最有名的就是瑞士，大家都在談論它的冰河列車、少女峰。有一次在日本NHK的紀錄片看到馬特洪峰的登頂過程，看起來似乎不難。在一次途經瑞士的旅行，我把三天策馬特（Zermatt）健行排進行程，設定目標是攀登馬特洪峰（Matterhorn，標高四千四百七十八公尺）。

從便宜的義大利來到昂貴瑞士完全無法適應，歐元換成法郎要收取高額手續費，八人通舖的青年旅館一晚要付台幣兩千元，搭兩個多小時的普通火車要價台幣四千元，然後我發現付不起攀登馬特洪峰的嚮導費用。瑞士昂貴的住宿費和交通費，讓我把「阿信」吃苦耐勞的潛力發揮到極致，在策馬特那幾天除了青年旅館提供的早晚餐，沒有花一毛錢吃東西，馬特洪峰也不爬了。在策馬特，大家都坐纜車和登山火車上下山，但這些交通工具隨便坐個幾分鐘就要花掉台幣上千元，所以在這裡我幾乎都在走路，每天走路上下山。它的登山步道系統做得很好，指標也很完善，通常出發之前我會先到遊客中心詢問大致步行時間，這些瑞士人會先上下打量我那強壯的身材，然後回答：「一般人的話大約是×小時，若是妳的話應該是××小時就可以完成。」通常我也都不負眾望地完成，在三天內走遍山區許多小徑。

瑞士山區的風景還不錯，只是物價太高很掃興，但後來又去了瑞士，這次是要為了看教堂，很多人在歐洲旅行到最後，看到教堂都過門不入，西班牙兩年生活也讓我對參觀教堂敬謝不敏，什麼教堂會讓我冒著瑞

士高昂物價不惜再去第二次呢？

啟發安藤忠雄的廊香教堂

　　廊香教堂（Chapelle Notre-Dame Du Haut）是二十世紀最有名的建築大師柯比意（Le Corbusier）晚年所設計的小教堂，在法國接近瑞士的邊境，但地點非常偏僻，從瑞士巴塞爾坐火車過去是最短距離，但搭乘法國國鐵地方線火車，來回要轉四次火車加上等車時間，差不多也要花一天的時間。

　　有次翻閱日文建築雜誌，提到安藤忠雄（あんどう ただお）在台灣演講，竟然人多到要借用小巨蛋來容納一萬多個慕名而來的仰慕者，文章裡一副不可思議的口氣。安藤桑在台灣有很多粉絲，在我還不知道他這號人物時，就已經認識他的建築風格：清水混凝土，成功大學的學生活動中心就是模仿安藤桑的作品。曾經看過一部紀錄片，描述大師的作品從開始設計、施工到完成的過程，負責施工的工頭非常緊張的等待大師來驗收，因為沒有通過的話是要拆掉重來。設計風格簡潔，對於細節要求非常龜毛的安藤桑，年輕時遊歐洲曾經去過廊香教堂，而且在那裡受到極大的啟發，決定獻身建築設計，所以這座教堂可以說是啟發「安藤哲學」的源頭。

不遠千里而來就是為了看那奇異的光

　　這座奉獻給聖母的教堂，教堂許多扇小窗戶上面寫著Marie，教堂的老修女也叫做Maria，她用湛藍的眼睛笑著對我說，妳是走路上來的！我剛才有看到妳。是的，我是冒著雨撐著傘，走了幾公里的山路小徑而來，我的鞋子因為下大雨而進了水，我是要來看那些奇異的光，據說它穿透了許多人的靈魂。安藤桑把這些從教堂小扇窗戶射進來的光線，形容為「充滿暴力的光，來自四面八方，摑打他的軀體」。打開側門進入小教堂時，

廊香教堂是奉獻給聖母瑪莉亞的小教堂。

被映入眼簾的光線嚇一跳！天氣很差，室外灰雲密佈而且下雨，本來以為教堂內會黯淡無光。門開了小縫，把頭伸進去，呈現在眼前的是許多不規則形狀的小扇窗戶，從外面漫射進來的光束卻充滿力道，著迷的舉起相機從不同角度拍照，我真是太喜歡那一束一束的光影，和幾何形狀的方塊，它們在集結之後，真像是一大束向聖母Marie致敬的美麗繁花。

瑞士一毛不拔的看教堂計畫

瑞士巴塞爾附近的歐洲機場（Euro Airport），是瑞士、法國和德國共用的機場，離市區很近，搭巴士進城只要十分鐘，使用這個機場的廉價航空Easyjet票價非常便宜，所以我又來了，但這次是有備而來，打算在

1 外型像一朵香菇的廊香教堂，是建築大師柯比意晚年的作品，雖然地處偏遠但遠道而來參觀的人終年不斷。 2 小教堂內部特別設計的採光，撼動了許多沉睡的靈魂。

這裡執行「瑞士一毛不拔計畫」。

　　先用信用卡付清巴塞爾青年旅館住宿，雖然這個YH不便宜，但它有個特別的服務：「預訂房間付清款項後，就可以用訂房確認信免費搭乘機場巴士和市區交通工具」。在「法國國鐵」網站購買巴塞爾到法國廊香（Ronchamp）來回車票，從義大利飛往巴塞爾那天，先買好食物當晚餐，隔天把青年旅館的早餐吃到撐，寄放行李，然後出發到歐元區的法國看教堂、吃午餐，回巴塞爾之前再去買一些好吃的東西當晚餐，當天晚上用網路事先訂好的火車票，搭夜車到歐元區的德國慕尼黑。就這樣，我在瑞士兩天沒花到一毛錢現金，也看了令人難忘的廊香教堂。

火車上認識的男人

　　在旅行路上搭過無數次火車，感覺在火車上比較容易跟人攀談。從巴塞爾搭火車到法國廊香，只會講法文的列車長說我必須先拿網路印下來的訂票記錄到車站換車票才能乘車。附近座位有個男人充當列車長的翻譯，翻譯完畢後，男人開始跟我聊天，先是聊我的旅行、台灣的工作、壓力等等，知道我住在馬德里之後，他改用西班牙文跟我講話，因為四周的人聽不懂，所以他聊的是很勁爆的話題：冷若冰霜的歐洲女人。

　　這個叫做Golden的瑞士人，是個業務員，他正要從巴塞爾到法國Mulhouse拜訪客戶，黑髮黑眼，大約三十來歲，個子很高、長得不錯，我猜他有阿拉伯裔的血統。聊了不久，他就說他想去台灣發展，還說他喜歡像我一樣大眼睛的女生，亞洲女人看起來比較容易相處等等，我趕快暗示他台灣並不是每個人眼睛都很大，而且亞洲女人也越來越難伺候。Golden說中歐人非常冷淡，食物也很冷，這裡的女人更冷，而且很難搞，接著他就雙手一攤，開始表演這些女人回到家裡，攤在沙發上等著男人來伺候的情景，以及在床上時雙眼瞪著天花板像死魚的樣子，我不禁大笑起來，這

個場景真是荒謬到極點，我學西班牙文就是為了在火車上與陌生男子聊這種黃色話題？

台灣的鳳梨酥煞到德國男

　　另外一次是從哥本哈根搭乘DB德鐵夜車到瑞士巴塞爾，對面坐了個年輕男人，當他知道我來自台灣，神情看起來很興奮，這讓我有點納悶，在旅行路上碰到的人聽到台灣，通常都只會「哦」一聲，因為大部分人搞不清楚台灣在哪裡。

　　他才剛結束瑞典哥德堡大學一年的交換學生課程，為了省錢，從瑞典搭火車經過哥本哈根回德國。學物理的他，這一年來與幾個來自台灣大學的交換學生變成好朋友，經常受邀參加他們的活動。他鉅細靡遺的跟我描述和這幾個台灣學生做中秋月餅的經過，用麵粉做餅皮，準備紅豆餡，最後再想辦法把兩個部分結合起來送進烤箱，他說中秋月餅好吃極了，有機會他一定要拜訪台灣一趟。

　　「做月餅」對大部分的台灣人是件陌生的事，要吃月餅到店裡去買就好，很少人會自己動手，我以為台灣現在的大學生都養尊處優、四體不勤，想不到他們到國外竟然自力更生做起月餅，而且還煞到一個德國人。這個為中秋月餅想要拜訪台灣的德國男人，長得相貌堂堂，看在他對台灣印象這麼好的份上，我決定給他一個比中秋月餅更棒的小東西，佳德鳳梨酥，那是朋友從台灣帶到哥本哈根，我從馬德里坐飛機到巴塞爾，再一路坐了十幾個小時火車到丹麥才拿到的珍寶。

　　我跟德國男說鳳梨酥這種甜點，是台灣旅行必買的伴手禮，但每家製作的餅和內餡都各有特色，「佳德」這個品牌算是其中首選。德國男從各種口味中選了胚芽核桃口味，打開包裝就一口一口吃了起來，每吃一口我就聽到他發出「嗯！嗯！嗯！」的讚賞聲音，吃完後他一副很滿足的樣

子說：「這個東西實在是太棒了！」不久後他就忍不住問我：「在歐洲或在德國哪裡可以買到這種鳳梨酥？」看起來他已經完全被台灣食物所征服，雖然不想潑他冷水，但只能告訴他實情，真正好吃的鳳梨酥保存期限只有一星期，歐洲應該是買不到！他看起來很失望的表情，讓我差點從背包裡掏出另一塊鳳梨酥給他，幸好我的腦袋還算清醒，沒有中了美男計，剩下的幾塊佳德鳳梨酥我可要一塊一塊慢慢享用。

坐火車讓人心情比較放鬆，也比較容易結識新朋友。

柯比意的廊香教堂
Chapelle Notre-Dame Du Haut
13, rue de la Chapelle
F-70250 Ronchamp
www.chapellederonchamp.fr

法國國鐵網站
http://www.voyages-sncf.com

瑞士巴塞爾青年旅館
http://www.youthhostel.ch/basel

維也納歌劇院奇遇記

歌劇迷的神奇遭遇

在歐洲旅行，除了Easyjet廉價航空，我也常用德國國鐵和奧地利國鐵推出的跨國夜車特價票，雖然坐夜車很傷神，但睡個覺隔天清晨在不同的國家醒來，對於來自島國台灣的我卻有很大的吸引力。因此當威尼斯出發的夜車在清晨八點半抵達奧地利首都維也納，我心中充滿期待，沒想到出了車站看到街景，有點失望，維也納看起來像是灰姑娘，平凡無奇。青年旅館要等到下午一點半才能check-in，所以我先去附近的麗泉宮（Schloss Schonbrunn）散步，在看過法國豪奢的凡爾賽宮後，這種「中等美女」般的皇宮完全無法引起我的興趣，幸好它的花園不用買門票，我於是在花園散步打發時間。

或許是坐夜車很疲憊，check-in後一直在旅館裡蘑菇、睡午覺、整理行李，拖拖拉拉直到下午快六點才出門。出發之前上網查過維也納音樂會的資料，這天晚上，不管是維也納愛樂廳或維也納歌劇院都沒有節目。沿著Mariahilfer大道進入環城大道裡的舊市區，和馬德里沒什麼兩樣的古典建築讓我興趣缺缺，在舊城漫無目的散步，覺得維也納真是一個無聊的城市。突然間眼前出現一棟古典建築，外面貼著音樂會的海報，仔細一看這裡是維也納國立歌劇院（Wien Staatsoper），應該是沒有節目的歌劇院外面卻擠滿了人，湊過去問了一群手上拿票的當地人，但他們無法用英文解釋到底今晚有什麼節目，只是一直強調今天是個特別節目，然後斬釘截鐵地說：「沒票了。」

我不死心地站在劇院門口等待，好奇的想要知道到底今晚是什麼節目。突然間看到我的右前方有個男人手上高舉一張票，用英文喊著

「ticket」，便毫不猶豫地湊過去問他要賣多少錢，男人轉頭看了我一眼，然後把票遞到我手上說：「這張票送妳！」再三跟他確認後，我又驚又喜的收下這個禮物，揣著一張來歷不明的票，對上面寫的德文完全摸不著頭緒，五分鐘之後，劇院大門打開，跟著群眾走了進去。

　　走進歌劇院，依照往例開始找位子，但服務人員說節目九點才開始，叫我先到劇院逛一逛，心裡有點納悶，歌劇院可以逛兩個小時嗎？但這一逛，真的花了兩個小時！晚上七點進入維也納歌劇院，九點四十分走出歌劇院大門，經歷很大的驚喜，也讓我開始擔心：運氣好到這種地步，可能會遭到天譴！

莫札特歌劇《唐喬凡尼》劇中人的帽子戴在我的頭上。

　　先跟著人潮走進一個房間，裡面擺滿莫札特歌劇《唐喬凡尼》（Don Giovanni）的戲服，還有幾個化妝師在幫人化妝。展示的歌劇衣服作工和用料都很精緻，劇中人物所使用的頭盔、化妝舞會用的假面具等等，都是質感很好的高檔貨，看到這裡我有個疑問，既然維也納歌劇院一天到晚都在演歌劇，時代也都大同小異，那這些古典風格的戲服是不是共用呢？

衣架旁正好有專人解說，她說：「每部歌劇都有它們專用的服裝，因為數量非常龐大，所以有專門的倉庫收藏，製作戲服的花費也是天文數字。」

　　另一旁的枱子上放滿各式各樣的帽子和衣服，最棒的是它們是可以試穿和試戴，我在那裡玩起變裝秀，玩得不亦樂乎，不過外國人的帽子不適合東方人頭型，在場的外國人隨便戴都很好看，我戴上去就顯得不倫不類，供試穿的衣服都是女傭服裝，我只想試穿貴婦用的大禮服。

滿天泡泡的歌劇院舞台

　　在衣物間玩了四十分鐘，覺得應該回座位等待節目開始，一進座位區就看到不可思議的景象，以為是眼花，趕忙問服務人員如何到歌劇院舞台。因為表演舞台上有很多人正在奔跑嬉戲，白色泡沫滿天飛，先不管這到底是怎麼一回事，先加入戰場比較要緊。上了舞台，發現歌劇院後台別有洞天，各種機械工具、道具一應俱全，簡直像是一間大工廠，往台下一看，呵呵！管弦樂團指揮台上有許多人，輪流上台裝模作樣的拿起指揮棒擺姿勢照相。然後，我看到舞台正對面，皇家包廂有許多人坐在那裡，每次看歌劇我都坐在天花板附近的便宜位子，這次當然要去皇家包廂過過癮，不料走錯樓層，來到了站位區，維也納歌劇院的站位區就在舞台正對面，而且票價才四歐元。站位區一旁的服務人員很和氣，也會講英文，我仔細問她今天到底是怎麼回事，她先恭喜我運氣好，因為那天正是維也納歌劇院一年一度的「歌劇院開放日」（Tag der offenen Tür），每年九月的第一個星期天開放給民眾參觀，可以免費在票房取得門票，但數量有限，很早就被索取一空。

　　就這樣，我在歌劇院各個角落玩了兩個小時，等待九點的節目開始。節目其實只有三十分鐘，表演的人是歌劇院那些平常不露臉的機器和幕後工作人員，機器有節奏的移動配上柴可夫斯基的芭蕾舞曲，竟然也別

有韻味。有一個人（應該是舞台監督）向觀眾解說歌劇舞台所發生的趣事和故事，觀眾全部笑得前仰後翻，那是我唯一悔恨沒有去學德文的時刻。舞台監督同時也訪問樂團指揮，兩人說了一堆笑話之後，樂團指揮站在舞台指揮在場觀眾，合唱威爾第歌劇《納布果》裡面最著名曲子〈飛翔吧！思念，乘著金色的翅膀！〉（Va, pensiero, sull'ali dorate.）維也納！不愧是音樂之都！全場的觀眾，包括我前後左右的人開始哼唱起來，而我呢？當然也毫不猶豫地跟著哼起歌！

1 一年一度的維也納歌劇院開放日，舞台上站滿好奇的民眾。 2 許多小孩在舞台上玩得不亦樂乎，尖叫不休。

維也納青年旅館住宿
Hostel Ruthensteiner
http://www.hostelruthensteiner.com

維也納國家歌劇院Wiener staatsoper
http://www.wiener-staatsoper.at/Content.Node/home/index.php

維也納愛樂 Wiener philharmoniker
http://www.wienerphilharmoniker.at/?set_language=en

另類巴黎之旅

Genevieve說我像是她失散許久的家人

　　法國朋友Genevieve有一頭少年白的頭髮，看起來比實際年齡還大，但她皮膚雪白又很有氣質，我猜她年輕時應該是傾倒眾生的金髮大美人。她的個性並不像外表一樣柔弱，旅行過的地方都是一般人不會去的，譬如說尼泊爾的喜馬拉雅山基地營健行、南美安地斯山的高山健行、南美的亞馬遜叢林旅行、印尼爪哇的雨林。

　　她熱愛大自然又很愛冒險，我們會認識是因為在馬德里語言學校上課時，隨口提到聖雅各朝聖路，她對這類旅行很有興趣，問我是否可以讓她看照片，所以我就順便準備一桌中國菜請她，用照片解說我的聖雅各徒步之旅。一輩子也沒想過我會和一個法國人變成無話不談的好朋友，到波爾多旅行時住到她家。

大家都請我吃鵝肝

　　Genevieve準備了大餐請我，是法國人最喜歡的鵝肝加上波爾多當地生產的索甸（Sauternes）甜白酒，我對鵝肝的印象太好，一直都沒忘記它

1 法國朋友Genevieve做的蕪菁沙拉，中看又中吃。　2 波爾多索甸甜白酒配上鵝肝。

的好滋味。很久以前第一次到法國旅行，跟了一個都是外國人的旅行團，來到南方的佩利格（Perigeuex），中午有兩個小時的休息空檔，來自加拿大的Marie說要請我吃松露鵝肝大餐，她因為先生工作的關係曾經在台灣待了一年，每天住在圓山飯店，她說台灣人非常照顧她。

我們很快就來到一家擠滿顧客的餐廳，在喝完第一道海鮮湯之後，就沒有再上菜，眼看集合時間快到，語言不通急得跳腳的我們最後找到救星，由一個會講英文的法國人當翻譯，把沒吃到的第二道菜松露鵝肝打包。晚上回到旅館，我問Marie是否要一起吃鵝肝，她說天氣有點熱，擔心吃了會食物中毒。我覺得她是想讓沒有吃過鵝肝的我吃個過癮。打開盒子，我猜廚師應該花了很多時間製作這顆鵝肝，還加了各色莓子做裝飾，大口咬下去，一股濃厚馥郁的香氣透過舌尖傳來，那是一輩子難以忘懷的美味。

由於和Genevieve很談得來，所以我要去巴黎旅行時，問她要不要一起去，她馬上就答應。每次和家人或朋友出門旅行，我都是當然的導遊，難得有當大爺休息的機會。和Genevieve出門旅行真輕鬆，只要把想去的地方列清單給她，隔天就自動排出一個精密策劃的行程，在醫院做檢驗工作的她，做事很仔細，完全不馬虎。已經來過巴黎三次，我想看點特別的

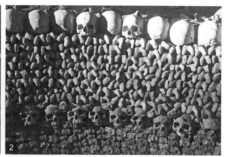

1 在荷蘭阿姆斯特丹的紅燈區，裸露的女人不是畫在牆上就是關在櫥窗裡；巴黎的紅燈區呢，真人實彈，街頭演出，更有臨場震撼的感覺。法國人，什麼事都要做到第一名啊！ 2 巴黎地下的無主萬人塚（Les Catacombes de Paris），枯骨排滿地底密如蛛網的坑道，每天都有觀光客大排長龍等著去試膽。

東西，但若不是跟著她的話，我可能一輩子都不會看到巴黎幾個特別的地方！她對什麼事情都興致勃勃，只是隨口提起對地下水道有興趣，她就說：「那我們就去看看吧！」我說很怕看到死人和骷髏骨，她說那沒什麼好怕的，巴黎地底下就有一個萬人塚，問我想不想去試試膽子。於是我們去看了巴黎地下水道博物館（Musée des égouts de Paris）和無主的萬人塚（Les Catacombes de Paris），然後又看到老妓女的大奶子！

巴黎不只有名牌精品店

　　為了豐富我的巴黎之旅，Genevieve特別去買一本巴黎導遊書，法文的導遊書和我們慣用的不太一樣，他們很注重知性之旅，我的巴黎之行除了下水道、死人骨頭，還有懷舊小巷之旅。所謂巴黎的懷舊小巷（passage），它大量出現在十八世紀末到十九世紀初，這些小巷子屋頂覆有玻璃天窗，即使是下雨天也可以很愉快的逛街，但在百貨公司出現之後它的地位就被取代，現在巴黎也只剩下幾條而已。小巷之旅路線，若用台北市來定義的話就是萬華區那一帶，路線很靠近巴黎的妓女區Saint-Denis，照著導遊書的指示，花了三小時走了三點五公里，有些地區開滿各式各樣的理髮店和美髮用品，滿地都是理髮店丟出來的頭髮，也有只准男人進入的阿拉伯理髮店，禁止照相。有些街道上排滿一間間異國佈置的印度餐廳，也有些街道都是成衣批發店，衣服看起來不怎麼高級，與我們熟知、光鮮亮麗的法國高級成衣和精品店林立的香榭麗舍大道有很大的差距。

　　破舊的小巷子有許多成衣加工廠，透明的窗戶可以看到踩縫紉機車衣服的人，想到這些衣服在完成後會被標上「Made in France法國製」的標誌，我覺得以後再也不能被「Made in France」的標示所迷惑。很多人買東西會先看產地標籤，針對這一點，歐洲有兩個品牌大國：法國和義大

利，引進許多非法外勞，沒日沒夜的在工廠車衣服，義大利旅行時碰到一個中國女人，就是這樣在工廠埋頭苦幹六年，她說工廠的工作環境很不好，為了她的生命著想，不想再賺這種辛苦錢。

照法國導遊書路線走進一條條巷子，有個女人經過我們旁邊拿鑰匙開門，穿著和打扮一看就知道是特種行業，我們嚇了一跳，趕快循原路離開這條巷子，想不到卻在接下來的街角看到更多的女人，穿著打扮比起剛才那個更驚悚，零下兩度的街道，她們全身上下包著皮草大衣和長馬靴，但卻露出兩顆很大的老奶讓我很「受驚」，很想拿出相機把它們拍下來，但是對著「站壁的女人」照相是不禮貌的行為，有可能相機會被老奶彈到地上，摔成碎片，我在阿姆斯特丹的紅燈區看過偷拍妓女的下場。

但我還是忍不住想要形容那幾對老奶對我產生的震撼性，它們有很多棕色斑點，垂得非常低（距離垂直的水平線四十五度左右），看起來至少有六十年的歷史，它們竟然還要繼續工作，讓我覺得很不堪，而且我比較納悶的是這些法國老妓，去哪裡找到剛剛好的皮草大衣，讓奶子那麼完美、巍巍顫顫的掛在寒風中，讓老嫖客想要把雙手伸進去取暖！

離開妓女街，Genevieve笑著跟我說，這次讓妳看到的都是巴黎最差勁的一面，但這就是除了Louis Vutton和名牌精品之外，最真實的巴黎。

1 巴黎舊市區有許多雜亂沒落的小巷子，超出我們對於花都巴黎的美麗想像。　2 依照日文導遊書「地球の步き方」所找到的巴黎蒙帕納斯可麗餅店（Creperie TY breiz），顧客川流不息，端出來的也是頂級貨色。

巴黎青年旅館魔幻寫實記事

巴黎之南美洲魔幻之夜

　　巴黎的旅館很貴，想要省錢就只能住青年旅館，現在的青年旅館比較進步，差不多都是四個人共用一間房和衛浴設備，只要把室友當家人，其實撐一撐也就過去，又可以省下很多錢。要把來自各國的室友當家人還真要有點能耐，我在巴黎YH碰到的室友共有幾組人馬，美國波士頓雙人組、中國採購妹、阿根廷雙人組、墨西哥雙人組、巴西獨行妹。才剛進門，已經住了一晚的中國妹追問我巴黎哪裡好玩，拉丁區、雙叟咖啡在哪裡、採購名牌的細節。我心想這個人真是機車，妳來巴黎事先不做好功課，卻拚命問一個才剛抵達的陌生人！

　　在歐洲住了幾次青年旅館，發現最大的族群是來自南美洲，因為飛機時間的關係，她們經常在半夜一、兩點才抵達旅館；她們也很容易辨認，可以從打扮和行李來辨識，通常她們都會帶著超大行李拖箱，裡面裝滿了去夜店的行頭，就好像要去參加嘉年華會，經常可以在攤開的行李箱裡看到細根高跟鞋。這些南美洲的女人每天濃妝豔抹出門，常常在晚上十一、十二點我要上床睡覺時，她們正好打扮完畢要出門狂歡，幾乎沒有一個例外，那麼晚出門，可想而知回來時又是一陣吵鬧梳洗，我就這樣過了四天晚上，最離奇的事發生在最後一晚。

睡得跟死豬一樣的Sara

　　南美作家寫的小說風格都很類似，就是類似馬奎斯「百年孤寂」或阿葉德《精靈之屋》那種魔幻寫實風格，在歐洲碰過這麼多來自南美洲的人，讓我覺得會出現這種寫作風格好像也是理所當然。

在半睡半醒之中聽到高跟鞋的走路聲，已在這裡住三天的我覺得有點納悶，我的房間並未靠近馬路，怎會聽到行人走路的聲音？突然間走路聲停下來，然後聽到扣扣扣的敲門聲，是敲我們的門！門外的人一直叫喊「Sara」的名字，四周一片漆黑，是半夜但不知道是幾點。沒有人起來開門，我不是Sara，所以繼續躺在床上。敲門及叫喊聲繼續進行，這時，睡我上舖的女人也開始叫喊「Sara」，但睡我隔壁下舖的「Sara」決定不回應任何裡面及外面的呼喊，繼續睡覺，於是睡我上舖的女人和門外的女人開始了一場對話。

門內的人說：「現在幾點？」門外的人回答：「四點二十分。」然後繼續說：「我和Sara約好要去×××。」門內的人又說：「但她爬不起來啦！」外面的女人：「那妳給我地址，看起來我只好自己去了！」

睡我上舖的人開始唸出一串地址，外面的女人重複一遍，但顯然她聽到的有點誤差，所以我上舖的人開始一個字一個字拼出街名，還教她法文的唸法，門外的人又複誦一次，一切確認妥當，我聽到高跟鞋的聲音扣扣扣的離去，我們這位來自墨西哥的室友「Sara」自始至終沒有加入這場對話，只有我這個會一點西班牙文的局外人用耳朵參與了一場魔幻寫實的巴黎青年旅館的午夜對話。

巴黎青年旅館
http://www.aijparis.com/

五星級的巴黎青年旅館
http://www.adveniat-paris.org/

摩洛哥馴悍記：從潑婦變貂蟬

冒險家樂園的摩洛哥

　　從摩洛哥度假兩星期回來，深深覺得西班牙人的冒險雄心，在一五八八年無敵艦隊被英國擊潰之後蕩然無存。每次我一提起要去義大利或法國玩，西班牙宅男就說義大利、法國男人都是居心不良的痞子，叫我要小心，我只不過稱讚義大利男人長得帥，他們就覺得我只重視外在美，目光短淺。至於我最想去的摩洛哥，更是被批評得一無是處，他們說那裡到處都是騙子，最好跟旅行團比較妥當。雖然我最後還是按原定計畫自助旅行，但對摩洛哥當地人抱著高度戒心，差不多可以用步步為營來形容。

　　摩洛哥人的確擅長宰殺觀光客，在這個國家旅行，買東西若不殺價可能會被當成冤大頭；在這裡也不能隨便問路，如果有人好心說要帶你去，你也要先詢問是否需要帶路費，十之八九他們都會開個離譜的價格給你；在摩洛哥也不能隨

1 位於北非的摩洛哥號稱是天花夜譚的國度，歐洲的後花園，貨品彩色繽紛讓人眼花撩亂。　2 在摩洛哥的藍色小鎮肖夫蕭安（Chefchaouen），據說住在這裡的人可以從不同層次的的藍，辨識出自己的家。

便照相，通常會被索取大約台幣四十到八十元不等的費用。

台灣潑婦大戰摩洛哥無賴

抵達馬拉喀什第一天，我在有名的Djamaa el Fna廣場附近尋找便宜旅館。當我跟店家詢問時，旁邊有個歐吉桑叫我跟他走，起初以為碰到好心人，但旅館明明就在附近，他卻繞了好遠的路，接下來伸手跟我要台幣八十元。 歐吉桑只會講法文和阿拉伯文，但我的法文還在基礎階段，我請旅館的職員幫忙翻譯，打算給這個歐吉桑來個史上最強的震撼教育，讓他知道台灣女人的厲害。

不知道你是否看過日本電影《阪急電車》？裡面有個老婦人在火車上教訓一群每次坐車都很吵鬧的大阪歐巴桑，場景大概就類似那樣。我滔滔不絕一直講話，他根本不知道路，帶我在廣場繞了一大圈，而且沒有事先徵求同意，就要我付錢，這算是哪門子的生意？我口氣非常凶悍，講了一長串，旅館的人只做選擇性翻譯，光是這樣，本來一臉凶相，賴著不走的摩洛哥歐吉桑，竟然被罵到抬不起頭，然後摸摸鼻子走人，我猜他在一星期之內再也不敢跟任何東方女人搭訕。

摩洛哥可以說是窮瘋了的國家，天方夜譚書裡的騙子國度，街上買東西，不論是價格或是找回的零錢都要仔細確認過，但為什麼我會喜歡上這個國家呢？因為它可以說是不折不扣的冒險家國度，在這個冒險叢林裡，只要你夠聰明，不用花很多錢，就可以看到很多伊斯蘭文化遺產，壯麗的高山風景，可以在撒哈拉沙漠騎駱駝、享受夜晚密如沙塵的繁星，這裡有精緻又便宜的手工藝品，有讓人銷魂的阿拉伯澡堂，而且運氣不錯的話也可以碰到許多好人，讓你的旅行變得很豐富而有趣。

1 摩洛哥人用來運送物品的主要馱獸是驢子，平常牠們認命的工作，但當牠們不爽快時，悲慘的叫聲卻如魔音傳腦。 2 摩洛哥傳統房子RIAD改裝的旅館很受觀光客喜愛，我在千年古城菲茲（FEZ）住的青年旅館Funky Fes Hostel也是RIAD改建。

與摩洛哥俊男同遊丹吉爾

　　旅行途中，來到摩洛哥最靠近歐洲的丹吉爾（Tanger），打算在這裡玩幾個小時然後搭夜車到馬拉喀什，再轉車到大西洋沿岸的漁港伍賽拉（Essaouira）做最後的海岸巡禮。丹吉爾是個現代化的城市，繁華市區裡有許多法式茶館（salon de te），它是掌握直布羅陀海峽的大港，與歐陸西班牙只有十五公里的距離。走到白牆和綠瓦的清真寺，有個「老灰摩仔」過來搭訕，我沒有理他，自顧自拍照，不久他就識趣走開，過一會兒，有個大約三十來歲的男人走過來，很有禮貌的跟我說：「希望剛才那個男人沒有打擾到妳！」然後問我有沒有需要幫忙的地方，我說我在找Medina舊城，他指了方向，然後跟我說：「如果妳願意的話，我可以帶妳去。」我心裡想「又來了一個要錢的！摩洛哥人全都一個樣！」但他看起來還滿順眼，不像街頭隨便找人搭訕的男人，我開門見山的問他：「帶我去要不要付錢？」他想了一下，笑著說：「不用。」

　　納廸爾會講四種語言，很流利的阿拉伯文、法文、西班牙文和馬馬虎虎的英文，做了測試後，他提議雙方用西班牙文來溝通，然後帶我逛丹吉爾舊城。他在電腦公司上班，起初我很懷疑問他為什麼早上不用上班，他說他的工作是客服業務，時間比較自由。跟他還滿有話聊，差不多可以用相談甚歡來形容，懷著夢想要開公司的納廸爾，滔滔不絕跟我講摩洛哥的發展前景及投資環境，中午帶我到可以俯望漂亮海景的咖啡店喝茶，進去之前，我很「小人」的問他這裡會不會很貴？

　　創於一九二一年的咖啡館由於老店主的堅持，用很便宜的價格提供給當地人喝茶聊天，很多人叫一杯台幣二十元的薄荷茶消磨一整天，打牌或聊天，納廸爾說第二代的兒子接手雖然還維持原來的理念，但是山腳下的海岸正在開發成遊艇的停泊港口，這個地方遲早是會消失的，接著帶我去看海灘的施工現場，他常到那裡去游泳。因為摩洛哥年輕國王親自監

工，原本施工緩慢的海灘遊艇碼頭工程卻進行得很快，他才一個半月沒來整個地景已經改變大半，睫毛捲翹的漂亮黑眼睛眷戀的看著這片昔日美麗的海灘，那是在進步十字路口當中徘徊的摩洛哥年輕人身影。逛了幾個小時，到了他上班的時間，約好我去坐夜車之前再見一次面。當他笑嘻嘻的出現在我面前，我竟然像看到老朋友一樣高興，那是這次摩洛哥之行當中記憶最深刻的臉孔。

歡迎來到母豬變貂嬋的國度

自從來到摩洛哥，我幾乎沒機會照鏡子，因為廁所都沒有鏡子，住的旅館很便宜所以鏡子也不多，但從街上男人看我的眼光，讓我不禁陶醉起來，誤以為老天爺給我施了回春術，賜給我二十歲的青春及美貌。停留在這裡兩星期，在不同的城市移動，至少有一個男人說他被我迷住，叫我嫁給他；另一個比較含蓄一點，跟我說他是單身，還有很多男人約我去喝咖啡。

導遊書《Lonely Planet》建議女性到摩洛哥旅行最好戴上婚戒，我有戴，但完全擋不住有如潮水般湧來的搭訕，站在馬拉喀什廣場拍照，有個年輕男人跑過來問我，妳一個人嗎？我謊稱不是，老公在旅館休息，他很認真的跟我說，像妳這樣漂亮女生，一個人站在街頭要小心，很多男人注意妳喔！然後又說：妳老公是不是很胖，身體不好、走不動？我大笑了起來，不愧是摩洛哥人，這個年輕人也很會灌迷湯！載遊客的年輕馬車夫用充滿愛意的眼睛看著我，雖然我已經很明白表示不搭馬車，但他還是下車跟我聊天。離開摩洛哥那天早上，我在馬拉喀什舊城的煎餅攤等著老闆娘幫我做蛋餅，店裡坐了大約六、七個男人，不論是年輕或是老的全都興致勃勃打量我，我只是回應他們一個微笑，他們就開始笑鬧起來，搶著跟我講話，沒有要跟我推銷東西，他們只是一般的摩洛哥男人。所有女人都喜

歡男人的讚美，且不管他們是要賺我的錢或是真的對我有意思，我在這裡彷彿變成貂蟬，或許可以這樣說，到摩洛哥旅行是讓女人拾回自信的最佳方法。

　　出發之前，根據多方資料，我認定摩洛哥就像阿拉伯之書《天方夜譚》經常提到的，有許多騙子與金光黨。我非常嚴格的戒備，不讓壞人有任何可趁之機，但隨著日子過去，和路上和當地人聊天或與其他背包客交換情報，讓我變得更加柔軟，也對這個國家了解更多，本來以為摩洛哥馴悍記要馴的是「當地人」，但最後被馴服的卻是我自己，就是「入境隨俗」這句話，理解不同的文化和他們所習慣使用的交流方式，只要敞開心胸，到處都是好人。

有如風景明信片的場景。是大西洋海濱小城塞維拉（Essaouira）的實拍即景。

摩洛哥阿拉伯浴室搓仙記

阿拉伯澡堂是背包客的救星

　　比起歐洲人，亞洲人算是很喜歡洗澡的民族，與愛洗澡的日本人可以互相媲美的是阿拉伯人和古代的羅馬人。西班牙南部是歐洲最靠近非洲的土地，回教徒經由摩洛哥、跨越直布羅陀海峽入侵歐洲，他們在這裡逗留幾百年，留下深刻影響，在西班牙南部旅行，可以看到許多奢華阿拉伯浴場（Banos Arabes）遺跡，在歐洲只能看阿拉伯澡堂遺跡，但在非洲摩洛哥卻有許多貨真價實的Hamam澡堂讓人靈魂直登天堂。

　　停留西班牙這兩年，一到冬天讓我最想念的就是泡溫泉，摩洛哥度假兩星期讓這個鄉愁有了解藥，從藍色小鎮Chafchaouen（蕭安）的阿拉伯浴室走出來，來到大廣場，有個男人跟我說：「妳剛才去洗了很棒的阿拉伯澡喔！」完全沒想到阿拉伯澡跟溫泉效果一樣，洗完後大家都看得出來，這個東西真是讓人銷魂，是來摩洛哥一定要去嘗試的玩意兒。給觀光客用的澡堂等級比較高，附有乾淨的浴巾、手巾，價格都是台幣一千元起跳，若是當地人常去的澡堂（類似日本的錢湯）價格約是台幣四十元，很多當地人都是結伴一起去，互相搓背，若是願意多付點錢，就有專人幫你搓洗加按摩，三十分鐘大約是台幣一百六十元，我的第一次阿拉伯澡堂經驗花了台幣兩百元。

凡人必有「仙」

　　進入澡堂之前要把衣服全脫光，浴室有兩個肥胖的當地女人，我本來要自己裝水洗澡、洗頭，但她們叫我等等，因為我是付全套費用，等一下會有人來處理，我完全不必動手。不久後進來一個肥肥的大嬸，問我自

己帶來的洗髮精在哪裡，她幫我洗了頭，接著她拿出阿拉伯草本肥皂抹到我身上，用刷子開始刮「仙」（台語），我自認為平常洗澡很認真，不可能有什麼「仙」跑出來，結果在大嬸努力之下，「仙」竟然就出現了，我吃驚地叫了一聲，換來大嬸得意的笑，彷彿是在說「凡人必有仙啦！」。

刮完仙，她就叫我躺在地上的塑膠蓆，開始幫我做簡單的肩頸和全身按摩（前面和後面），過程中兩個阿拉拍女人和大嬸開始討論這個亞洲女人，奶怎麼這麼小（阿拉伯女人的奶都大到垂下來），想不到亞洲女人皮膚還滿白的，身材也不錯（摩洛哥一星期旅行下來，瘦了兩公斤，小腹消失）。以上純屬臆測，但我可以察覺到幾個阿拉伯女人投來的羨慕眼光。

洗澡過程大嬸不斷在我頭上倒下整桶整桶的熱水，問我爽不爽？在最後，我以為全部都結束，大嬸問我覺得今天的Hamam澡如何？我舉起大拇指說超讚，她非常高興，冷不防把最後整桶熱水倒在我頭上。大嬸說：「妳今天一定會很好睡！」然後催我到櫃台付錢，但是我覺得意猶未盡，因為帶來的美容道具、面膜都還沒用到！決定過兩天再找間澡堂，像當地人一樣自己洗澡。

我也要自己搓「仙」

來到摩洛哥的商業大城馬拉喀什，立刻到當地人常去的澡堂報到。在摩洛哥，除非住的很多星級旅館，才會有比較像樣的浴室，要不然旅館或民宿的浴室都很精簡。十二月的馬拉喀什太陽下山之後氣溫驟降，在這種浴室洗澡毫無樂趣而且又很冷，若是再讓我安排一次摩洛哥旅行，我會全程安排住在廉價旅館，然後天天上澡堂去報到，它真是非洲的天堂，背包客的救星。

付了台幣四十元入場費，把隨身東西交給門口的阿拉伯大嬸，她為

我準備兩個大水桶和一個舀水杓子，本來想拿一個水桶就好，後來想說，給我兩個水桶必有它的道理，進入浴室看到洗澡的女人，不是在拖水桶就是個個被大水桶所圍繞，這才恍然大悟很多水桶的重要性。和日本溫泉不一樣，阿拉伯浴室沒有泡澡的池子，簡單無裝飾的貼著瓷磚的澡堂只有兩個水龍頭（一冷一熱），澡堂裡的女人大都穿著小內褲忙碌的工作，她們正忙著清理浴室，鋪上帶來的塑膠蓆子，然後拿著成疊水桶去裝水，拖到蓆子旁邊，一切就緒後就開始最重要的「搓仙」工作，搓到一定程度就沖點水，很多水桶可以讓她們坐在地上專心的搓，不必再起身裝水。

　　我只有兩個桶子又沒有帶「搓仙」的道具，只好把帶來的小毛巾鋪在地上，杵在水龍頭旁邊沖熱水澡，順便服務這些女人，水滿了就幫她們換桶子，她們很驚喜，覺得我這個亞洲女人真是體貼。熱乎乎的浴室和嘩嘩不停的冒煙熱水讓我非常放鬆，在蒸氣瀰漫的浴室待了一個多小時，敷上三回合不同面膜，最後再擦上歐舒丹四個皇后的玫瑰體霜和乳油果木足霜，這時候的心情等級有如住在五星級飯店。臨走前阿拉伯大嬸跟我收取台幣二十元的行李管理費，我很爽快的給了她。

　　於是，提著一路相伴旅行的黃色洗澡包，從馬拉喀什的阿拉伯澡堂走出來，帶著很滿足、很放鬆的心情，頂著濕濕的頭髮走過舊城的街道，穿過舊市區的Medina，穿過拱門，走過破舊的街頭，經過人來人往的Djamaa el Fna廣場，經過遊客聚集的餐廳，神清氣爽、眼神發亮、紅潤的腮幫子，讓全城的人看到之後，就知道我剛才去泡了一個非常棒的Hamam阿拉伯澡。

讓人直上天堂的阿拉伯澡堂，這是女生用的澡堂。

叢林女遊俠的紐約夜生活

紐約大都會博物館的時光穿梭機

出發到歐洲之前去辦了美國簽證，我對美國旅行的興趣一直不大，但曾經心想，若是有什麼東西可以吸引我去美國的話，應該就是紐約的「大都會博物館」（Metropolitan Museum of Art）莫屬；世界上該看的大博物館都已經去過，但真正來到紐約之後，我竟然被搶搶滾的「大都會歌劇院」節目，以及「卡內基音樂廳」和「費雪廳」輪番上陣的精采交響樂團演出給迷住了。於是，博物館被擺一邊，紐約夜生活占據我所有的注意力。

夜生活品質和豐富程度是一個城市是否好玩的關鍵，做為一個跑遍歐洲各大城的背包客，紐約夜晚魅力無窮，讓第一次到美國的我，陷入前所未有的亢奮。一直到快要離開紐約的前兩天，看完所有該看的歌劇和音樂會，才驚覺大事不妙，看起來我沒有留給「大都會博物館」太多時間。看三個小時的博物館是我的極限。

有一次，我連續七個小時待在巴黎羅浮宮，走出來時頭昏眼花。而大都會博物館呢？我覺得至少要看兩天才夠。它是我看過最大、展示陳列最特別的博物館，腹地面積很大，在同一樓層就有很多不同展廳，展品多樣性和它的擺設方式，完完全全像是個時光穿梭機器。同樣是展品繁多的羅浮宮，它把現代作品全部移到奧塞美術館，分類非常清楚，但大都會博物館可不是這樣，它包羅萬象，可以從古代的美索不達米亞、古埃及一直到最摩登的現代作品，只要穿過一個門、走過一個廊道就進入一個截然不同的文化領域。可以上一秒站在一個十九世紀末印象派裸女圖前面，穿過一個門卻看到神聖莊嚴的中世紀聖母抱著聖嬰圖像。可以才看完希臘羅馬

1 從羅斯福島看到的曼哈頓夜景。 2 紐約的布魯克林大橋,可以望見遠處的曼哈頓摩天大樓景觀,也是觀賞紐約夜景的最佳場地之一。 3 紐約卡內基廳史坦廳的交響樂團演出。

中柔美的神話雕像，就到了非洲或大洋洲地區看到厚嘴唇、凸肚子的原住民臉孔。先是沐浴在印象派畫家的有如和煦春天光影，接著卻掉進現代畫派作品的一頭霧水當中。看完和風的日本作品，很快就捲入伊斯蘭回教文化的漩渦。

　　大都會博物館是個不折不扣的時光穿梭機，而大蘋果的紐約市也不相上下，匯集來自各國的移民人口，紐約有我看過最複雜的人種組合，搭一趟曼哈頓的幹線直行巴士由南往北，光是搭車的乘客就讓人眼花撩亂，中國城上車的中國人，講的是我不懂的方言；東歐系的移民、講西班牙文的南美洲人，黑人區的黑人，紐約也因為這些移民而增添許多魅力，我聽過最好的街頭藝人演出是在紐約地鐵的黑人即興爵士。各個移民區的餐廳更是精采絕倫，從美式牛排、韓國小吃、日本料理、義大利披薩、中國料理、台灣小吃、越南河粉到阿根廷的烤肉大餐，一應俱全。紐約走幾步就是星巴克咖啡，與馬德里的酒吧密度一樣。不同於其他國家對移民的排斥，紐約曼哈頓的街道光明正大的標示「Brazil street」、「Korea street」等等，而從那條街道的繁盛程度也可以大概看出該國移民在紐約的活躍程度，韓國人已經在紐約躍居龍頭地位。

在紐約第七大道忙碌奔波的台灣女人

　　除了吃吃喝喝，最適合逛街的第五大道更是鎮日人潮滿滿，我最喜歡在去聽音樂會的途中經過這些光燦明亮的精品店，它是window shopping的豪華版，而我的紐約夜夜笙歌生活，是在第七大道上的卡內基廳和林肯中心度過的。抵達紐約那天下午，趕去歌劇院看威爾第的歌《劇阿依達》（AIDA），看完歌劇趕回旅館吃泡麵，因為接下來要去趕場，星期六晚上比較特別，第七大道五十七街的「卡內基廳」在七點半有維也納愛樂的訪問演出；第七大道六十六街在大都會歌劇院八點有莫札特歌

劇《唐喬凡尼》。七點十五分到卡內基廳買票，發現剩下席位都是兩百美金以上，門外有許多黃牛，要價都在一百多美金，美國黃牛價格很硬，完全沒有商量餘地，等到快開演都沒有適合下手的票價，我只好使出備用對策，從五十七街的卡內基廳狂奔到六十六街的大都會歌劇院，因為最壞的情況還可以買到便宜的站票。

用這種方式購買音樂會的票只有紐約才辦得到，也只有來到紐約，才了解什麼叫作「都市叢林」，這裡既可以是

紐約曼哈頓第五大道上的天主教堂，是繁忙城市生活中，讓人稍微喘息的小綠洲。

幻想的都市叢林（一不小心就會迷失在繁華紙醉金迷的生活），也是實體的都市叢林（走在紐約的大馬路上，被一幢一幢摩天大樓所包圍）。我呢！算是個在都市叢林冒險的女遊俠，在紐約過的是百萬女富豪生活。

叢林女遊俠的紐約跑趴生活

我的紐約制式行程是這樣的：早上到音樂廳排隊買十美金的便宜票＞＞坐地鐵或巴上去逛不同景點＞＞回到市中心的青年旅館煮飯吃午餐、休息＞＞五點半出門在不同的地區觀看紐約夜景＞＞接著到大都會歌劇院、紐約愛樂的費雪廳（Avery Fisher Hall）及卡內基廳（Carnegie Hall）聽歌劇或音樂會。

就這樣，著名的幾個紐約夜景就是利用聽音樂會前的兩、三小時的空檔一網打盡，它們分別是布魯克林大橋、羅斯福島、紐澤西，最後再輪到壓軸的洛克斐勒大樓的Top of the Rock觀景台。大紐約地區只有曼哈頓最熱鬧，離開曼哈頓的外圍地區都很安靜，所以從這幾個外圍地方，觀看繁華喧囂的曼哈頓市區，都給人一種魔幻不真實的感覺。看過四個導遊書推薦的夜景地，我發現紐約夜景真的很好看，日本人喜歡排三大，據說世界最棒的夜景地分別是函館、香港和那不勒斯，它們的確不錯，但都不像紐約那麼多元化。四個夜景地當中，我最喜歡的是布魯克林高地（Brooklyn Heights Promenade）和羅斯福島（Roosevelt Island）的夜景，因為既是免錢又好玩，前者順遊布魯克林大橋步道，後者搭乘免費的羅斯福島空中纜車（Roosevelt Island Tramway），都市叢林女遊俠的紐約頂級夜生活花費不多，但是精采絕倫。

場景一：布魯克林高地散步道（Brooklyn Heights Promenade）

搭乘地鐵7號線往布魯克林（Brooklyn）方向，在Court street下車，從Montague street出口出來，沿著Montague street走到底，就可以看到曼哈頓的大樓群在東河的對岸閃爍著光芒，而右邊就是跨越東河到曼哈頓的布魯克林大橋。在河流另一端的布魯克林看完夜景後，可以沿著布魯克林大橋步道走路到曼哈頓，夜晚的涼風、壯觀的布魯克林大橋、美麗的曼哈頓夜景盡收眼底。過了橋就是綠線地鐵站，從這裡搭地鐵去卡內基廳（Carnegie Hall）聽波士頓交響樂團的演出貝多芬的《莊嚴彌撒》，票價是十美金。

場景二：羅斯福島（Roosevelt Island）

地鐵F線到羅斯福島站（Roosevelt Island），一出地鐵站就可以看到

1 從羅斯福島所看到的紐約曼哈頓夜景。 2 時代廣場（Time Square）夜景。

曼哈頓的夜景，花三十分鐘繞著小島走半圈從不同的角度觀賞夜景，發現天上有空中纜車連結曼哈頓和羅斯福島，問了路人才知道紐約交通卡可以免費搭乘，二話不說就上了車，從發亮的曼哈頓上方搭纜車通過的經驗很特別，因為曼哈頓的街道是筆直的而且都是單行道，當車道的車頭燈全部亮起，遠遠的從上面俯望，它們就像是成串閃著亮光的大寶石，美得不可方物。纜車停在第二大道，從這裡走路到第七大道的卡內基廳，沿途都是精品名牌店，好看又養眼。夜景餘興節目是波士頓交響樂團的拉威爾鋼琴協奏曲、白遼士幻想交響曲，票價是十美金。

場景三：紐澤西Hoboken

它位於曼哈頓的西側，中間隔著哈德遜河（Hudson River），因為地點更遠，所以可以看到的夜景範圍很大，這裡可以看到完整的上、中、下曼哈頓夜景，最好的方法是搭E線地鐵到世貿中心（WTC），然後再轉搭PATH（不適用紐約交通卡，要另外買票）火車到Hoboken下車，回程搭乘Ferry船（NY waterway）回到曼哈頓七十八號碼頭（在三十八街與十二大道交叉口，有免費接駁巴士）。看完夜景趕到大都會歌劇院看普契尼的歌劇《蝴蝶夫人》，歌劇站票價格是十九點五美金。

場景四：洛克斐勒大樓的觀景台（Top of the rock）

票價是二十五美金（台幣七百五十元），也是我唯一花錢買票看的夜景。剛開始覺得很心疼，但上到展望台後覺得很值得，而且我還爬上一個不能隨便上去的地方，在最高的七十樓展望台，有一群人站在一個類似變電箱及管線間的高塔，上去的樓梯看起來有點難度，但我硬著頭皮爬上去，因為前面沒有人擋著，可以拍到很棒的夜景和錄影，就在喀嚓喀嚓拚命拍照時，突然間聽到警衛的怒罵聲：「你們這些人太誇張了，全部給我

下來」，原來我爬上去的地方是維修管線的塔間，不准上去，但因為有許多人在上面拍照，讓我誤以為那裡也是觀景台的一部分。所以，在這個特別觀景台所拍的照片，應該是後無來者。所有的人照相機都對準帝國大廈猛拍，帝國大廈的夜景雖然常出現在電影當中，但我還是選了洛克斐勒大樓的觀景台，把帝國大廈納入紐約最燦爛的夜景照片。

　　紐約最後一天，我又來到博物館大道（Museum mile）掃街，建築會作怪的古根漢博物館、再訪大都會博物館，搭了直行的幹線巴士觀賞街景。大都會歌劇院快要上演新劇碼，紐約愛樂新的音樂季快要開始，紐約市立芭蕾舞團從四月初開始起跳，紐約真是我看過最有趣、而且最精緻的城市，原本以為十一天綽綽有餘，但是根本不夠，關於這個大蘋果，我只能說「相見恨晚」啊！

紐約大都會博物館官網
http://www.metmuseum.org/

紐約卡內基音樂廳官網
http://www.carnegiehall.org/

紐約大都會歌劇院
http://www.metoperafamily.org/metopera/index.aspx

紐約林肯藝術中心
http://lc.lincolncenter.org/

2

巡禮之年：
離開歐洲，繞亞洲一大圈再回家

返鄉第一站是英國

從歐洲到亞洲之路

攤開先前計畫的回台灣路線，應該是從馬德里出發，搭乘火車穿越歐洲大陸到莫斯科，然後換搭西伯利亞鐵道到太平洋沿岸的海參崴，再搭渡輪經由庫頁島再到日本北海道，從那裡一路利用WWOOF的有機農場打工，一路往南旅行到沖繩，然後搭船到基隆。但是人算不如天算，日本福島發生的地震和核電廠事件，加上廉價航空Easyjet誘人的價格，改變我的全盤計畫。

西伯利亞鐵道不便宜，而且只要一星期就到達亞洲，我的安息年（Gap year）壯遊需要一個緩慢而漂亮的結尾。後來選擇南路回台，我從馬德里飛英國，再飛中東，從那裡走南路印度經由尼泊爾、中國、日本回台灣，這條路線簽證問題比較少。其中最想去的國家是印度，在希臘旅行時碰到的美國女生，在印度吃壞肚子上醫院掛兩次急診，但她還是跟我說印度超好玩，據說印度是背包客旅行的終極考驗，我想把印度視為完成這趟長旅的「關卡」。很多的「據說」，加上現實考量織成一個綿密的細網，讓我對於南路回台的行程躍躍欲試。於是在一連串的馬德里惜別宴會之後，終於踏上了長達四個多月的歸鄉之路，第一站就是英國。

蘇格蘭斯開島健行記

搭乘Easyjet飛機來到蘇格蘭，從那裡開始我的高地健行，鄉間景觀讓我想起日本的尾瀨（おぜ）國家公園，尾瀨是一片介於群馬縣、新潟縣、福島縣之間的高地濕原，我喜歡在秋天去尾瀨爬山，倒映藍天的沼澤、枯萎變成黃褐色的花朵、變成黃色的草地和滿樹的紅葉。但是尾瀨的

高地濕原，在蘇格蘭卻是很普通的景觀，當我在斯開島（Isle of Skye；又名蒼穹島）健行，腳底隨便踩踏的就是在尾瀨被小心翼翼保護的濕地植物。

蘇格蘭高地還維持很自然的風景，道路只有兩線道，穿梭在峽谷之間風景很美，一般人都建議開車旅行，但我對開車技術完全沒把握，最後還是選擇大眾交通工具，若是事前好好規劃的話，其實搭巴士也不困難，這次的回台灣之行由於經過太多國家，事前完全沒時間規劃，不過貴人運好一點，沒有事先規劃也無妨。在斯開島，我打算搭公車到Sligachan，去爬像是女巫之山的黑色Cuillin hills，除了導遊書的一頁簡介，手上什麼地圖和資料都沒有，有一個登山打扮的人跟我同一站上車，問他是不是要去Sligachan爬山，他點點頭！問他是不是願意讓我跟，他又點點頭！於是我有一個畢生難忘的斯開島健行經驗。

他說他的名字是皮耶

他說他的名字是皮耶（Pierre），來自法國，在斯開島的農場裡當WWOOFER，利用兩天假期出來爬山，他是研究所的學生，專攻自然寫作。沒有碰到皮耶，恐怕我的Cuillin hills健行會敗興而歸，因為高地健行難度遠出乎我意料之外，天氣變化很大，泥沼地行走困難，沿路沒有看到任何標示，這種路線我自己一個人不可能完成。途中，我的腳陷入沼地、掉進河裡半身濕透，有幾次我覺得我可能要像路上看到的死羊一樣掛掉，但最後還是在皮耶帶領下安全回到登山口。

皮耶說他想要穿過濕原沼澤地走捷徑，沒有準備任何資料的我，當然不能講出拒絕的話，乖乖的跟著他的腳步，他踏在什麼地方就跟著踏步，來到一個小沼澤，他很輕易的就跳過去，我估計跳不過去而繞了一點路，結果馬上踏進泥地，深陷到膝蓋，牛仔褲沾滿泥巴，鞋子進水。

1 在沼澤遍佈的蘇格蘭斯開島登山健行，皮耶是我在公車站認識而結伴爬山的法國人，他是有機農場打工的WOOFER。2 在蘇格蘭高地，一群扛著泛舟工具的年輕人。3 我和法國人皮耶花了五個小時登上斯開島上的最高峰，眺望壯麗無比的岬灣風光。

　　斯開島的天氣一向惡名昭彰。當地人說我運氣很好，停留的那幾天天氣還算不錯，所謂的不錯是晴時多雲偶陣雨，這種可以用「讓人起肖」來形容的天氣，變化非常大。有一天坐公車時，乘客說：今天看起來天氣很晴朗。司機回答：還很難講，搞不好等一下就下起雨了！這也是典型的高地天氣。我們爬山途中有時出太陽、有時起霧、有時下雨，還有更多時候是下冰雹，那冰雹（stone ice）結結實實打在身上非常痛，高地的冰雹圓滾滾粒粒分明像西谷米，因為氣溫很低所以掉到地上後還是一粒一粒，掉到小水池裡就不折不扣像是珍珠奶茶，我很想停下來照相，但是沒什麼時間，因為一直在趕路！我已經好久沒有碰到登山對手，皮耶走路速度快到我怎麼追趕都沒用。

　　蘇格蘭高地的山大都只有一千公尺左右，但是景觀和氣候都可以和台灣三千公尺的高山媲美，我們走的是連峰縱走，從Marsco（七百三十六公尺）走到Sgurr nan Each（九百二十三公尺），然後繞從Bla Bheinn（九百二十八公尺）的半山腰下來，從第二座山Sgurr nan Each下山時我幾乎被嚇破膽，因為完全看不到路徑，整片山都是碎石塊，最要命的是它幾乎是六十度角往下切，有一小段路我隨著像土石流般的碎石往下滑，幾乎無

法控制下滑的速度，已經先到山下的皮耶拚命比手勢叫我走另一邊，我從來沒有走過這種碎石山路，也沒有如此害怕過。

我是蒼穹之鷹

　　以蘇格蘭高地為背景的電影很多，有一部電影我不記得片名，但講的是一個不會變老也不會死的高地男人，劇中有很多男人在高地奔跑的畫面，我們這次爬山也差不多是這樣，皮耶的登山資料其實只有一張地圖，下山時有幾次他很猶豫到底是要下切到河谷或是繼續在Bla Bheinn的半山腰行走，至於要走多久才能到達登山口，他也不太清楚，最後下到登山口時他跟我說：實在很抱歉，我完全不知道這條路線這麼難爬，我們完全不照路徑的走在高地的草叢當中，跟滿山奔跑的山羊沒什麼兩樣，幸好最後還是安全下來。皮耶說他上次來，是大霧籠罩伸手不見五指的天氣，這次老天爺很賞臉，雖然途中有下了冰雹但是能見度還不錯，每次我氣喘吁吁的快到山頂，已經先登頂看過風景的皮耶總是會對我說：「加油！很快的妳就會看到絕美的風景，所有的辛苦都是值得的！」

　　一步又一步的往上爬，蘇格蘭高地惡名昭彰的濕地沼澤，在陽光下或是薄霧中展現多樣的面貌；繼續爬到第二座連峰Sgurr nan Each的山頂時，展現在眼前的是蒼穹島海灣的風景，藍色天空之下耀眼的藍色大海，那蜿蜒的海岸道路，這時的我像是一隻很幸福的蒼穹島之鷹！

Easyjet是歐洲最有利用價值的廉價航空公司，搭過二十幾次，從來沒有誤點過，每次乘客都有九成滿，越早訂位越便宜，一次訂很多段航程可以節省訂位手續費。
http://www.easyjet.com

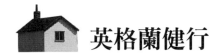 英格蘭健行

與西班牙宅男漫長的告別延伸到英國

　　離開馬德里的前一個月，幾乎每個星期都和宅男們到酒吧狂歡作樂，宅男A說他四月要去英國度假，與我在英國的時間部分重疊。問他要不要到巴斯找我，他一口答應，然後坐了一小時的火車過來，當我在火車站看到熟悉的臉孔，覺得很感動，才兩個星期沒見面卻有「他鄉遇故知」的感覺。我們從以前的馬德里散步變成英國的巴斯散步，以前在馬德里，經常走幾步路就進了酒吧叫杯啤酒配小菜吃吃喝喝，但在這裡呢，英國物價太貴，就只能一直走路！宅男A說還是西班牙最好，而我現在也覺得西班牙是歐洲最好待的地方。來了英國還沒吃過名菜fish & chip，宅男A回我：這一點都不打緊，因為根本不值得一試。我還滿想知道宅男A的八字是不是有兩個食神，米其林餐飲指南推薦餐廳的午餐套餐，前菜和主菜各有兩種選擇，結果被他選到的都色香味俱全，我選的就相對遜色。

宅男至尊的巴斯之旅

　　雖然宅男A已經連續很多年都到英國探望妹妹，但竟然沒有來過巴斯，也沒去過英格蘭最美的鄉村科茲窩（Cotswolds），他說他到英國的目的是要探望妹妹一家人，而不是來玩的，連出國都要分清楚目的，果然不愧是宅男至尊。當羅馬人在巴斯發現溫泉時，簡直是欣喜若狂，當我發現參觀巴斯溫泉的門票是昂貴的台幣六百元時，簡直絕望透頂，掙扎好久才付錢參觀。溫泉旁邊是大教堂，參觀巴斯大教堂建議的樂捐金額是二點五英鎊，既然是樂捐，當然可以隨意，我只想捐一鎊進去參觀，但一板一眼的宅男A說不行，一定要付全額，因為古蹟需要經費來維護，若大家都

像我這樣的話，那搞不好巴斯教堂很快就因為缺乏維護而倒塌。

英格蘭最受歡迎的健行地點是柯茲窩丘陵（Cotswold hills），位於英格蘭的巴斯（Bath）、牛津（Oxford）、史特拉福（Stratford upon Avon）、Gloucester之間的一大片丘陵地，它有最典型的英格蘭鄉間風景，我安排三天在柯茲窩（Cotswold）健行，本來應該很悠閒的田園散步，硬生生變成跑趴的走馬燈，一切只因為買了一日乘車券。就像平常刻意節制飲食的我，只要碰到吃到飽的餐廳就變成大胃王，柯茲窩第一天也一樣，車輪戰似的從早上十點搭到下午六點多的最後一班巴士，把主要的小鎮掃過一遍，問我哪個小鎮最美麗？我覺得建築物大同小異，最美的就是離開小鎮後的柯茲窩風景，草地、綿羊、蜜色的農舍或是大片的田野及撒種當肥料的油菜花田，還有一叢叢的樹木，只可惜巴士開很快，看得到但卻拍不到。

1 莎士比亞故鄉史特拉福（Stratford upon Avon）的鄉間漫步，春天的油菜花田和小屋，是印象派畫作的風景。2 我和宅男A在英格蘭柯茲窩的Stow on the wold另一家餐廳coffee house所吃到的午餐。3 白鹿之家午間套餐的主餐，打破我對英國菜很難吃的印象。4 門口有一隻白鹿的White Hart是當地有名的美食餐廳。

　　第二天和第三天我改變參觀策略，在小鎮停留而且做短程健行，有個小鎮Bourton in the water號稱是「英國的威尼斯」，我想找出它到底哪裡像威尼斯？覺得幫它取外號的人大概沒有見過真正的威尼斯，如果只有一條三公尺寬的溝渠通過的小鎮可以叫作威尼斯，那全世界不就到處都是威尼斯嗎？在柯茲窩繞了三天的結論是，這裡最好找幾個小鎮做定點停留，到遊客中心詢問健行路線或購買步行地圖，到郊區田園走一圈、回到小鎮享用鄉間大餐，然後再去古董店尋寶才是王道。

英格蘭春天的田野漫步與美食

　　在春天的午後，我和宅男A在Stow on the Wold這個小鎮，開始這輩子最棒的鄉間散步，離開遊客中心後往low swell村落的方向走，繞一大圈經過綿羊牧場及百花盛開的花園再從另外一條道路回到Stow on the wold村

落，英格蘭的春天果然不同凡響，宅男A說那是因為天氣很好的關係，若是天氣不好，英國就是地獄。

　　歐洲人出門一定要坐下來吃飯，我很肯定宅男A的八字裡絕對有兩個食神，因為他不只在西班牙很會找餐廳和點菜，而且來到英國後也一樣厲害，有一家餐廳外面貼著米其林推薦標誌，但沒看到任何人在用餐讓我很猶豫，宅男A說米其林標誌對他沒有任何意義，繼續往前走找餐廳，來到一家什麼標誌也沒有，叫做Coffee house的地方，看完菜單和價位他就決定在這裡用餐。餐廳整體氛圍不錯，我很想吃肉，但上回點的漢堡讓我對漢堡敬而遠之，這次菜單有漢堡但我決定改吃別的，上回嘲笑我點羊肉漢堡的宅男A卻點了漢堡餐。看到上來的菜我簡直氣炸了，雖然我點的菜還不差，但宅男A的漢堡餐更誘人，於是一個食神的我敗給兩個食神的宅男A。

　　與宅男在馬德里的告別，竟然意外被延伸到英國來，用巴斯溫泉散步和柯茲窩的鄉間健行作為結尾。他送我到火車站，火車卡鏘卡鏘進了站，我們用西班牙吻頰禮道別，強悍如我竟然忍不住掉了眼淚，真幸運可以認識這群人，給我這麼棒的兩年好時光，接下來就要單飛到中東，繼續接下來的返鄉行程。

# 每個人都問我到約旦來做什麼

來到回教世界

　　每個人都問我到中東的約旦要做什麼。本來我對約旦興趣不大，比較想去伊朗，但難關重重的伊朗簽證最後讓我捨棄伊朗而去了可以落地簽的約旦。約旦首都安曼是交通節點，有比較多廉價機票到印度德里。約旦最有名的景點就是古城佩特拉（Petra）、死海和月之谷，佩特拉因為出現在電影《法櫃奇兵》一炮而紅，而月之谷就是拍攝電影《阿拉伯勞倫斯》的地方。在英國被天氣冷到、被物價貴到的我，想要好好享受約旦炎熱的氣候和相對便宜的物價；這裡也是出發到印度之前最後的文明國度，接下來的旅行會像柯波拉的電影《現代啟示錄》一樣，一步一步走向黑暗之心。從綠意盎然的英國來到乾燥荒涼的約旦，從做事有條不紊的英國人到不按牌理出牌的回教徒，這中間用廉價航空Easyjet計算是五個小時的航程，用文明發展尺度來計算是五十年的落差啊！

　　這趟歸鄉之路很漫長，很難比照一般觀光客隨意花錢，一切必須以省錢為首要。我最常使用的就是當地人搭乘的公車。約旦國的公共交通費用很便宜，但可不是人人都可以搭得起，得要有拚命三郎的本事才行。我跟旅館認識的背包客一起雇車遊「死海」，司機在行程結束後把我們送到首都安曼的巴士南站，約旦的巴士站沒什麼建築物，只有一條條的巴士車道，得要再三確認才能知道坐車的地方。我們到的時候已經有兩個西方臉孔在等車，那對從蘇格蘭來的父女檔也是要去佩特拉，所以我們就安心在一旁等待。

1 約旦北部的JERASH，是羅馬人所留下的完整古城，保存完整而壯觀的神殿列柱及競技場。 2 約旦觀光區到處可見的攬客阿拉伯人，大部分都是問你要不要騎馬、騎驢或是騎駱駝。 3 連熟女也不放過的阿拉伯小種馬。

回教世界的巴士座位爭奪戰

突然間有個老人跑過來，跟我們說巴士來了，然後一直大聲叫喊 Hurry up！Hurry up！（卡緊耶），我看著那一輛正在開進來的白色中型巴士，心裡想說為什麼要「卡緊耶」？青年旅館的人跟我說巴士每小時一班，也不用事先預約座位。接著出現一群剛才沒有見過面的年輕人，這群人快速的湧到車門，有的從車窗丟入背包，一看苗頭不對，我趕快跟著擠進巴士，上了車才發現座位全部都被剛才那群當地人占據，他們派了幾個人上來用行李占了至少十幾個位子，只剩下最後一排三個位子，但我們共有四個人。

我叫最後上來的中國女生坐在一個被背包占據的位子，任憑當地人如何的「盧」她都不要起身，接下來雙方對陣叫喊，我們很大聲堅持是我們先上車，位子是我們的。在阿拉伯世界，陌生男女不能互有身體接觸，所以對方也不敢碰她，最後是他們妥協，讓出一個位子。有一個當地男人沒有位子坐，沿路坐在引擎蓋上面四個小時。

阿拉伯種馬的故事

在保守的回教世界，被女人不小心碰到身體的男人會覺得很倒楣，公共場所通常自動的把男生女生隔開，但實際上的男女關係是怎樣的情況呢？

我在安曼投宿的旅館，老闆有個今年二十二歲的兒子，大學剛畢業，他們家族是從沙漠移居城市的貝都因人，年輕人從小在沙漠長大，上高中才搬到安曼，他從鄉下的祖父那裡學到許多東西。因為旅館大廳才有Wifi，從佩特拉回到安曼那兩天我除了去Jerash古城，哪裡也不想去，一直待在旅館大廳打字上網，小弟弟每天纏著我聊天，跟我講了他的「把妹歷史」，他把的妹都是外國人，還給我看他歷任女朋友的照片，有日本人

也有美國人。除了「把妹」史，還講了許多阿拉伯男人和女人如何增強性能力的故事。雖然無從確認真假，但阿拉伯男人和女人對於性愛積極追求的態度讓我很意外。他從祖父那裡學到貝都因式的按摩，我對所謂的貝都因按摩很有興趣，叫他示範給我看，結果發現貝都因的按摩果然不同於其他的按摩方法，它是順著筋絡用「捏」的方式進行按摩，他說他祖父今年八十五歲，有二十六個孩子（全部都是同一個妻子生的），他爸爸（看起來很瘦弱的旅館老闆）有十二個孩子，現在他媽媽肚子還懷著他未出生的弟弟，他說他們家族都用按摩加上祖傳秘方約旦神油來增強性能力，一夜七次輕而易舉，而且還可以舉很久，他的歷任女朋友個個都像花朵般綻放。

在阿拉伯世界連小種馬都有危險性

眾所皆知，阿拉伯男人性慾很強，甚至連小男生都很危險。在參觀Jerash古城時，路上有一個大約是十二歲的小男生來搭訕，先是叫我幫他照相，接下來說要跟我合照，拍完照片後，指指他的嘴唇要索吻，這實在是太誇張了，如果吻了這個十二歲的小男生是會被抓去關的，罪名是猥褻兒童！當然是拒絕了他，結果他竟然鍥而不捨跟在我旁邊，一直到我抓狂，用台語罵他三字經為止。在阿拉伯種馬世界，連十二歲的男童都有危險性。

民宿老闆的兒子又說，在阿拉伯世界要求新娘結婚時必須是處女，婚前會先做確認，如果不是就會被退貨，所以這裡很流行處女膜整型，約旦的國民平均年所得是兩千五百美元，整型每次要價美金一千元。最讓我吃驚的事情是，這個貝都因男孩說：因為整型的費用太高，很多女人在結婚前有性慾需求時，會選擇使用肛交以保持處女膜完整。天下沒有白吃的午餐，要女人在結婚前保持處女膜完整是要付出代價的，阿拉伯女人在結

婚後對男人要求也很高，如果丈夫有幾天太累沒有碰女人的話，她可是要回娘家哭訴的，難怪旅行路上認識的摩洛哥宅男一直要找外國女朋友，不想跟當地女生結婚，根據他的說法是與摩洛哥女人結婚壓力太大，現在才知道原來壓力大是這個「壓力」呀！

甘蔗汁的壯陽功效

以前的飲食比較沒有污染，所以阿拉伯男人還可以有夜夜七次的水準，讓女人像花朵般綻放，現在頻率卻大幅下降，所以阿拉伯世界的男人也勤於追求壯陽秘方，據說甘蔗汁就有壯陽效果，一起玩佩特拉的中國女生就跟我說，她在埃及時，甘蔗汁小攤前面都會擺著壯陽的招牌，當地的男人很信這套，約旦男人對於甘蔗汁也趨之若鶩。台灣人很勤於追求壯陽，街上也有甘蔗汁攤販，但從來沒看過甘蔗汁可以壯陽，若是真的，那甘蔗不是就要大缺貨了嗎？哪還需要政府出錢叫蔗農休耕！

根據統計，亞洲人因為工作壓力太大的關係，每週行房次數大幅低於其他地區，有一次從瑞士巴塞爾坐火車到法國參觀廊香教堂，碰到一個瑞士男人問我這個問題。現在來到阿拉伯國家的約旦，這個貝都因年輕人用揶揄的口氣嘲笑歐洲男人不爭氣，所以有很多歐洲女人跑到阿拉伯來找「種馬」解悶。歐洲人嘲笑亞洲男人「太累不能舉」，而阿拉伯人嘲笑歐洲男人「想舉也不行」，那麼被地球五人洲所有男人嘲笑的亞洲男人要如何才能重振雄風呢？開始喝甘蔗汁嗎？

在阿拉伯世界搭公車的樂趣

想要省錢的慾望激發了潛能

從佩特拉回到安曼是想參觀北部的Jerash羅馬古城，旅館開價15JD（台幣六百二十元），而且必須湊足四個人。到了早上還沒有出發動靜我就知道人數不足取消了，四月還是約旦的旅遊淡季，連青年旅館都很難湊足人數出團旅遊，人數不夠出團需要另付很多錢。來約旦七天了解當地幣值及物價之後，我已經學會精打細算，決定自己搭公車去，旅館老闆警告我「自己去很難」，玩了一趟回來，發現的確是大費周章，但是所帶來的樂趣完全出乎意料之外。

首先要先從旅館搭公車到巴士北站，然後那裡再轉搭迷你小巴士到Jerash，早上九點半出門，下午三點回到旅館，簡直跟打了一場勝仗沒兩樣，充滿成就感。在旅館門口詢問路人巴士站在哪裡，兩個阿拉伯男人叫我站著，等一下他們會協助我。他們問我搭計程車好不好？2JD（台幣八十四元），我說不好，一定要搭巴士，他們點頭表示了解，結果這兩個男人卻拼命攔計程車，最後終於攔到一台然後叫我上車，說只要付0.5JD（台幣二十一元）；計程車不是要付2JD嗎？我一直跟他們確認，他們說沒問題，就是0.5JD，車子出發不久我就發現原因，因為這台計程車司機接受共乘，他接著又停下來載了其他客人，沿路有人上下車，我是最後下車的人。

想要省錢必須有耐心

依照指示到了Jerash的巴士乘車口，白色小巴士只有半滿，他們叫我先坐上去，接下來開始漫長的等待。這種迷你小巴沒有發車時間表，人滿

了才開車，沒坐滿就要一直等，於是我坐在車裡跟馬奎斯小說中的退休中校一樣，等待那永遠不會來的退休金通知信，等得地老天荒。三十分鐘內陸續有乘客上車，但還有五個位子啊！最後的最後，一輛計程車載來最後的希望，有一家六口人下了車，朝我們的小巴走過來，開車時刻到了。

　　車子在古蹟門口停車，花了兩個多小時走完所有景點，開始尋找回程巴士。路人跟我比方向，結果我在途中被一個轎車司機攔下來，跟我說到安曼只要1JD（台幣四十二元）。擔心被詐騙，再三跟其他乘客確認，1JD的價格跟迷你小巴士差不多，但司機放我在一個不熟悉的地方下車，跟我指指前方，說那裡有巴士，於是公車之旅真正的挑戰才正式展開。本來以為我下車的地方就是今天早上坐巴士的北站，但看起來並不像，有個熱心路人說要帶我去搭巴士，但巴士司機說了一串我聽不懂的話，英文不

約旦的巴士站，看起來沒什麼人在等車，一旦要發車了，就忽然冒出許多人一起搶位子。

好的路人無法翻譯，據我猜測搭那班巴士可能需要轉車或再走一段路才會到，這個路人指了另一個方向，叫我自己走過去，這段時間我因為焦慮加上語言不通的挫折，先在附近小店喝了一杯現榨的甘蔗汁（台幣二十一元，清涼又可口），又吃了一個沙威瑪三明治（台幣三十元），面對接下來的巴士大混戰。

安曼的市區公車也是白色迷你小巴，沒有所謂的公車站，公車隨招隨停，但只有我看不懂的阿拉伯文，拚了老命跟等車的人問路，但沒有人搞懂我要去哪裡，有一個熱心阿拉伯男人走過來湊熱鬧，然後叫我跟他走，說要幫我攔公共汽車。他很有耐心的攔著一輛輛路過的公車，不厭其煩的詢問司機和車掌是否經過我要去的地方，最後終於來了一輛，男人叫我上車，老實說我完全沒把握，路人是否有搞懂我到底要去哪裡，因為他們英文都很爛，但巴士竟然就開到我要去的Abudali廣場，然後我就回到旅館，車資是0.5JD（台幣二十一元）。

經過這次的經驗，我決定以後不論如何困難，都要想辦法用最當地人的方法參觀景點，不只可以省錢，而且也比較有趣，當然還是有一些小小的壓力。說到這點我得要稱讚一下《地球の歩き方》，導遊書所附的彩色地圖雖小但經常派上用場。

我的公車冒險小旅行

◎我的Jerash公車冒險小旅行，旅館到巴士站的計程車0.5JD＞迷你巴士到Jerash是0.9JD＞入場門票 8JD＞Jerash到安曼共乘轎車1JD＞安曼迷你巴士到旅館0.5JD，總共是12.9JD（台幣五百三十元）
◎如果與旅館其他人湊足四人團，一人是15JD+8JD門票費=23JD（台幣九百三十元）
◎如果湊不成團，派專車來回的話要付40JD+8JD門票費=48JD（台幣兩千元）

 印度SHOCK！

從約旦搭阿拉伯航空（Air Arabia）飛往印度德里，中途在阿拉伯聯合大公國轉機，當初在訂機票時有點猶豫，不知道沒有簽證在阿拉伯國家轉機會碰到什麼問題，但後來還是貪圖便宜就訂了票，機票不貴，但是得要在Sharjah機場等七個半小時，我捨不得換當地貨幣買食物和水，吃完餅乾口很渴，問空中小姐有沒有不要錢的水，被鄰座的印度人聽到，他把點餐附送的礦泉水給我，想不到印度人還真慷慨！

非常複雜的國度

從安曼飛Sharjah，飛機上大部分是包頭巾的阿拉伯人，從Sharjah飛印度德里，乘客換成黑頭黑臉的印度人，印度宗教之複雜可以從搭飛機旅客看出大概，同樣是黑頭黑臉，有的女人因為信回教而穿著黑袍，用黑頭巾蓋住頭臉只留下眼睛；也有印度教的女人，她們穿上色彩鮮豔的紗麗，有錢的人穿的紗麗比較美，沒錢的印度女人看起來就是一副苦命相，又乾又瘦。

我的印度行程一直搞不定，對行程只有粗略的計畫，泰姬瑪哈陵必看，恆河的瓦拉納西要去，其他地方我沒有特別意見，但在安曼碰到一對巴西夫婦改變我的印度行程。這對巴西人的環球旅行是從日本開始的，經過中國、越南、寮國、緬甸等國家，然後經過印度、飛到約旦，接下來要去以色列、埃及。巴西與日本混血的太太，因為父親有日本血統而有日本永久居留權，男生因為跟她結婚而得到日本的居留許可，可以在當地打工，他們有長達一年的時間每天工作十二個小時存夠足以旅行一年的錢，然後就開始環遊世界之旅。巴西男跟我說，在他目前走過的地方，印度是

屬於困難級，走完印度，其他國家都沒什麼難度，他說「印度對他來說是個很大的SHOCK！」

嚴格戒備的印度之旅

　　巴西夫婦一直叮嚀我在印度要小心受騙，我說我有摩洛哥的反詐騙經驗，所以已有心理準備。第一天清晨四點抵達德里，在機場海關通關櫃台馬上丟掉心愛的SIGG水壺，當我慌慌張張跑回去找不到水壺，印度海關關員竟然跟我說：「別忘了妳是在印度啊！要小心保管自己的東西。」出了機場大門要找機場巴士又碰到詐騙人士，有一輛巴士停在柱子旁，正要走過去時，有個路人熱心跑來問我：「妳要去哪裡？」我說我要去新德里市區，他說柱子旁這輛巴士只到舊德里，等一下會有一輛迷你小巴過來，我可以坐那輛，價格是五十盧比，我說我可以等下班車。路人說：「下班車九點才會到，還要再等四個半小時。」

　　有過摩洛哥反詐騙作戰經驗的我當然不信！馬上找巴士車掌確認，結果證明那個人在鬼扯，巴士一小時一班，四點四十分坐上車，直接坐到新德里火車站，不到六點就在街上考察旅館的設備及價格。你可能會想說，應該不會有人受騙吧！但就是有耶！剛才出海關來到機場大廳，有兩、三個日本人坐在那裡聊天，我聽到他們說：還要等到九點才有巴士真是難熬啊！這群日本人應該是被騙了。

　　搭上機場巴士，清晨不到五點的德里，天色未亮，馬路旁聚集許多檸檬汁攤販，我心想有誰會在清晨五點摸黑到偏遠的馬路邊喝檸檬汁呢？

印度是一個非常不可思議的國家，街上有各種匪夷所思的光景，來到這裡之後，我又恢復在摩洛哥時，在路邊興奮拍照的心情。比較不同的是在印度不用偷拍，可以大方舉起相機。只是在這裡拍照還蠻危險，因為德里街道上擠滿人力三輪車、嘟嘟車、轎車、行人、腳踏車，這些交通工具從四面八方湧過來，讓你覺得自己可能隨時會被撞死。

一個不可思議的國度

第一天才剛抵達就被一位嘟嘟車夫說服，用一百盧比（台幣七十元）逛了大半個德里，總共花了快五個小時。這段時間是我這輩子最大的震撼炸彈，印度人實在太令人嘆為觀止，他們名副其實是大地的子民啊！在德里市區大馬路的安全島，有個婦人不顧周遭來來往往的車輛，脫了褲子在樹下小便。中午時間，一堆人在馬路邊、樹底下熟睡，那沉睡的程度就好像是躺在他家的床上。

在印度旅行有很多不尋常的死法威脅著你，譬如說踩到牛糞滑倒然後被遊蕩的牛撞傷，譬如說在五月初的酷暑，去看老鼠神廟而中暑不省人事；再不然就是在老鼠神廟裡

1 大部分印度人都吃素，街上很多蔬菜攤子。2 炎熱的印度有許多賣冰及冷飲的小攤子，擺得美美的，看起來很消暑，但是不宜隨意嘗試。

與這些嚙齒類動物近距離接觸得到鼠疫而不治。老鼠神廟在Bikaner近郊三十公里的小村子，日文導遊書《地球の步き方》完全沒有提到，但我在Amritsar的黃金寺院的認識一群背包客，決定跟著他們把行程延伸到本來不想要去的沙漠省份拉賈斯坦省，而Bikaner是搭乘夜車的必經之地。中國背包客說老鼠神廟就在那附近，連續兩晚搭夜車，白天溫度是四十二度，汗水一直冒出來，從Amritsar到拉賈斯坦省的Jaisalmer那兩天，是我這輩子最難熬的時光。

流汗的老鼠和快要發瘋的台灣女人

曾經看人吃老鼠肉、響應政府滅鼠運動曾經拿著老鼠尾巴去換錢、看過電影《料理鼠王》會做菜的老鼠，但就是沒有近距離看過汗涔涔、灰毛全濕透、因為炎熱而四腳朝天納涼的老鼠，露出四隻白嫩嫩的腳爪，旁邊還有別的老鼠正在幫牠理毛，也沒有看過一群群正在喝杏仁奶露的老鼠。冒著溽暑的四十二度高溫來到印度的鄉下小村，來到這個詭異、祭拜老鼠的神廟，肩上二十五公斤的背包讓我快抓狂。參觀神廟必須脫鞋，赤腳走過老鼠跑來跑去的地板，看到喝杏仁奶露的老鼠群，讓我聯想到在Amritsar的錫克教黃金神廟的餐廳，我也是這樣津津有味的享受杏仁牛奶粥，看到這些老鼠也在吃差不多同樣的東西，突然間覺得很想吐。

在印度動物比人還好命，牛可以大剌剌的躺在馬路中央，老鼠可以翹著二郎腿享受人類的祭拜。看完老鼠的午後三點，繼續待在煙塵滾滾的街道上等待晚上的夜車，連續兩天搭夜車，炎熱四十二度的高溫讓我全身濕透，頭髮搔癢，漫天灰塵讓全身黏上一層灰，我差不多快要進入瘋狂狀態！一直到晚上八點在簡陋骯髒的印度澡堂沖了澡，等車時又碰到一個有趣的印度人跟我聊天，接著又看到即將要搭乘的夜車是可以躺平的臥舖，才覺得勉強能夠繼續進行五月的印度熱浪之旅。

最令人難忘的城市：
印度瓦拉那西

在火葬場旁歡樂嬉戲的印度人

　　導遊書說，來到瓦拉那西有一件事情必定要做，那就是在日出前搭船遊恆河，這個時間帶會有許多印度教徒在河邊祈禱，你會看到離火葬場不遠的地方有許多人快樂的玩水。書上所附的照片，有張穿白衣的印度教徒祈禱的照片非常吸引人，我鼓起三寸不爛之舌說服同旅館的背包客跟我一起雇船遊恆河。

　　熱季五月的印度，待在沒有空調的房間是一種酷刑，室內至少四十二度的高溫，不論是窗外吹進來或是頭頂電扇吹出來的風都是熱的。一向不吹冷氣、不喝汽水、可樂或冰水的我，來這裡完全解禁，每天狂喝冰汽水，在印度二十六天所喝掉的汽水比我這輩子所喝過的汽水還多很多，甚至一聽到汽水開罐所發出的氣聲就覺得可以消暑的地步，也因為熱得睡不著，清晨不到五點半我們就出現在河邊等待搭船，恆河被日出照成橘紅色，河面佈滿載著遊客的小船。

　　聽到恆河，很多人的反應是水很髒，但實際上河水看起來並不髒，就跟歐洲一般河流沒什麼兩樣，恆河水很髒是來自於各種媒體報導的綜合想像，在恆河畔的瓦拉那西習慣把所有東西，包含骨灰、廢水、不能燒的屍體全部都丟到河裡。有幾種屍體不能送到火葬場火化，包括被蛇咬死的人、小於一歲的嬰兒，以及懷孕的婦女，這些人會被綁上石塊沉到河底，在途中碰到一個法國女人，她說有次在遊河時船邊漂過去一包東西，她問船夫是什麼東西，船夫若無其事的說：「有些屍體因為石塊沒綁好而浮出水面！」

看到水就想要洗臉洗腳的民族

在清晨一個小時的船旅，看到許多印度人在水岸快樂的嬉戲、玩水，河階上有許多人迎著朝日在沐浴、祈禱、打坐、做瑜伽、練氣功，這些印度人發出的歡愉笑聲，感覺就好像是在滿佈春光的東南亞度假小島，而不遠處的火葬場持續冒著白煙。印度人真是一個神奇的民族，他們可以在各種險惡的環境「泰然自若」進行各種活動，譬如說在美美的泰姬陵前水池裡洗腳、洗臉、洗頭；在有人吐痰、小便的火車站睡香甜大頭覺；有錢人在清晨遊河時雇警察在前後開道及護衛；警察用棍子鞭打違規停車的嘟嘟車夫；違規進入禁停區的嘟嘟車夫在開出警戒區時快速遞給警察一張鈔票；警察搭乘嘟嘟車不給錢；在二等的sleeper火車上有人用USB和筆電上網，旁邊走過一個揹著草袋、蓬頭垢面的乞丐；一個已經沒什麼看頭的台灣中年女人，在印度各地旅行時卻像明星一樣被印度人渾然忘我的死盯、要求跟她合照。

我怕死人，怕墳墓，怕棺材，刺眼的橘子色讓我很緊張，但我還是來到聖城瓦拉那西，只因據說這裡是人生必遊之地。印度教徒只要有點錢，臨死之前或是死後一定會想辦法送到這裡，在人死後把屍體送去浸泡恆河水，然後在旁邊的火葬場火化。路上認識一個中國背包客「黑土」，他是為了吃瓦拉那西Blue Lassi的綜合水果優酪乳而再度重訪，幸好與他同行，否則我可能會連夜滾離這個恐怖的城市。

在幾百具屍體經過的小巷子吃優酪乳

「黑土」說Blue Lassi店面位於火葬場附近的小巷子，這一帶經常會有人扛著屍體經過，當你聽到一隊人馬發出「赫赫赫」的誦經聲音時，最好趕快讓開。聽到這裡，我決定要避開小巷子改走大馬路，但是《Lonely Planet》導遊書強力推薦的優酪乳還是不能錯過啊！那個綜合水果優酪乳

（Mixed fruit lassi）果然有如傳說一樣的美味，我喝完第一杯又叫第二杯，喝完第二杯馬上站到攤子前想把做Lassi的過程學起來。店前的小巷大概只有兩公尺寬，就在專心揣摩觀看的同時，抬屍體的隊伍來了，新來乍到，我沒有意識到抬屍人經過時所發出的「赫赫」聲，只看到店裡的人對我做了「妳站進來一點」的手勢，我頭一偏竟然看到頭頂有一個橘色的影子通過，那不就是包著屍布的死人嗎？我嚇得腿軟，用最快速度撲進店裡。

　　還有一次是「黑土」在路上碰到一個認識的韓國背包客，我背對馬路站在一旁聽他們聊天，突然間聽到他叫我站進去一點，一抬頭又看到橘色影子飄了過去，就這樣才剛抵達瓦拉那西就看到兩具屍體。吃完美味的優酪乳，「黑土」帶我到附近的火葬場參觀。河階上有許多燃燒中的柴堆，上面放著一具具已經燒成骨架的屍體。這些來自印度各地的屍體抬到河邊

1 充滿死屍的瓦拉那西讓我天天都很驚恐，但是每天都到Blue Lassi報到吃Lassi（印度的優酪乳），卻是最美好的回憶。2 瓦拉那西的恆河邊有如東南亞度假小島海灘，印度人自有其生存之道。

後，有固定的程序要做，要先把屍體浸泡恆河的水，然後一具具排在河岸等待焚燒，放上柴堆之前要把外層的橘金色屍布拆下，屍體與裡層白色的裹屍布一起燃燒，被拆下來的屍布堆得跟小山一樣，抬屍體的竹架子和繩子到處散放。除了死後被抬到這裡火化，還有一種是趁還沒斷氣前，就搬到火葬場隔壁建築物等死，死了之後就直接搬到河邊浸水然後火化。從遠處看了幾分鐘就不想再看。「黑土」說有個中國女人每天都去火葬場報到，看到連燒屍人都認識她，還請她幫忙把沒有燒化的肉塊翻面。

Blue Lassi的優酪乳實在是太棒，中午吃了兩杯，休息不久下午又到店裡報到，順便詢問製作細節，這家有八十五年歷史的老店，第三代繼承人完全不藏私的告訴我製作步驟。這一天下午，當我坐在面對小巷的椅子津津有味的吃著優酪乳時，很煞風景的，陸續又有幾具屍體從眼前經過。BluelLassi店的老闆說，在旺季時，每天從早到晚經過他店門口的屍體約有七、八百具，淡季時也有兩、三百具，他半夜在半睡半醒之間都可清楚聽到抬屍人發出的「赫赫赫」吟唱聲。也因為死人如此頻繁的出現，當我走在瓦拉那西小巷子時，只要看到有人頭上頂著東西走近就開始警戒，可以用步步為營來形容。

這個滿城牛糞、垃圾和屍體的神聖城市，我認識許多外國人在這裡待了三星期還不走，而我，在Blue Lassi吃了五次綜合水果優酪乳，學完它的製作方法，拍完夜晚的河祭、清晨搭船遊河看日出之後，就跟這個令人毛骨悚然的城市說再見！當火車駛離瓦拉那西時，只能用鬆了一口氣來形容。

長夜漫漫進入尼泊爾

離開地獄，卻又進入更深的地獄

在印度停留快一個月，物價真的很便宜但天氣真的很熱，我每天都是掙扎在停留與離開，地獄與天堂之間。清晨六點多從印度瓦拉那西出發，心裡一直想著：終於要脫離苦海，到尼泊爾享福，只要再忍耐一趟四小時火車、三小時巴士，再加上尼泊爾境內的巴士，最多只要十個小時就可以抵達釋迦牟尼的出生地「藍比尼」享福。但從瓦拉那西出發之後的二十四小時、在隔天清晨七點多巴士終於抵達波卡拉（Pokhara）時，我很佩服自己竟然可以撐過這個令人抓狂的夜晚，沒有失去理智殺掉任何一個人。

當我們在尼泊爾與印度的邊境辦公室辦理簽證，看到一群面露疲態，迫不及待要離開尼泊爾的背包客，讓我很吃驚，在經過快一個月的折磨，我也是迫不及待要離開印度，進入據說尼泊爾是天堂，背包客的極樂世界！為什麼會有人急著要離開天堂呢？難不成那裡發生什麼變化？

這幾年政局不穩的尼泊爾，經常鬧罷工，最近這一次兩星期的罷工，讓一對來自日本的父女檔假期泡湯，美國來的中年婦女說罷工讓商店關門，她得要到很貴的餐廳去吃飯。在尼泊爾掉光貴重物品的中國背包客說他沒有餓到肚子，天天都到賭場報到吃免費的飯。這些人都迫不及待要離開尼泊爾，聽完他們的故事讓我想要掉頭回印度，但我的簽證只能進出印度一次，只能選擇入境。

面對一班不知何時要開的巴士，和一場不知何時會停止的罷工，旅行社賣票的人跟我說，若是要去波卡拉，正好有一班巴士在五分鐘內會開走，位子所剩無幾，要買要快。在無法判斷真假的情況下，我買了票，在

破爛、狹窄、挺直坐著膝蓋也會頂住前面椅背的車子裡等了一個小時，車子完全沒有要開走的跡象，一想到要在這種車子裡遙遙無期的等待，突然間想要找人吵架，我被尼泊爾的旅行社騙了，在印度非常嚴格執行反詐騙計畫，想不到竟然在進入極樂世界第一天就被騙。

台灣潑婦又發威

滿臉殺氣的走回剛才的旅行社，職員說他們只負責賣票，無法控制巴士開車時間，我質問他們為什麼要說，巴士會在五分鐘內會開走？我指

這是印度進入尼泊爾的國境大門，兩國人民可以自由來去。

著他們頭上吹出涼風的電風扇，問他們是否知道大熱天坐在車子裡等待的痛苦？張牙舞爪的樣子，大概跟潑婦沒有兩樣。辦公室的五個男人目瞪口呆，趕忙說願意把錢退給我。聽到這裡，反而讓我猶豫了起來。據說這是當天唯一的巴士，因為尼泊爾會講英文的人很少，無從確認，但若真的沒有坐上車，離開邊境的日期更加遙遙無期，日本背包客建議我在邊境找旅館住下來，等待罷工結束，但待在鳥不生蛋的邊境我可能會無聊到死。

推說要找朋友商量而離開旅行社，開始馬奎斯式的漫長等待，每次只要引擎發動都以為車子要開了，但它每次都只移動五十公尺就停了下來，我對尼泊爾的印象簡直差到極點。我們從抵達邊境的下午四點等到晚上十點車子開動，開到隔天早上七點半抵達終點，中間過程不堪回首，下車後，巴士小弟沒有等我準備好就從車頂丟下大背包，讓我情不自禁的喊出三字經，這次非自願的夜車行程只能用「史上最惡」來形容。

原來好不好玩是比較出來的

印度又乾又熱，尼泊爾很潮濕但比較不熱；相對於印度的物價，尼泊爾很貴。印度之旅讓人元氣大傷，從那裡過來的背包客大都待在旅館休息，但是這些倖存者都在旅館做什麼呢？大家都在想念印度的美好！譬如說，衣服洗了之後兩個小時就乾、水果又便宜又好吃、即使灌了兩公升的水也沒有尿意，沒有憋尿的困擾。到街上比較過物價，我們慶幸還好有在印度購買皮製涼鞋、美麗的寶石、便宜的彩衣彩褲；我們懊惱沒有下手購買的印度布包和紗麗傳統衣服。印度有如一場張愛玲式的婚姻圍城，城裡的人想衝出來，城外的人想要衝進去，有一點不同的是，從印度出來之後竟然還有點眷戀。

尼泊爾泛舟記

豪華漂流行程

　　每次看別人在水中嬉戲自如，我就不禁羨慕起來，很想學游泳，但是報名多次游泳課最後都栽在換氣這一項，在水裡我很緊張完全無法放鬆，浮不起來。當我們在尼泊爾參加Bhote koshi漂流泛舟時，這種心情更加強烈，我們這艘橡皮艇的八個成員只有我不會游泳，每每來到緩流區，船上的嚮導說，這一帶你們可以下水游泳，然後我就看到坐在我四周的人一個個翻下船，只剩我在船上羨慕得乾瞪眼。

　　會游泳的人下水沒什麼，但不會游泳的人被無預警的拋下水才是世界上最恐怖的事，而且還是被大浪捲進河裡。我在尼泊爾加德滿都時，幾乎每天都到一家寶石批發商報到，後來跟老闆混得很熟，當他聽到我竟然去過Bhote koshi河流泛舟時，露出一副欽佩的表情，這條河流是尼泊爾所有河流當中急流最多的一條，泛舟難度平均是四級到五級，有的河段還高達六級。這條河流的斷層很多，有很多次我們的橡皮艇就像是快要跌進斷崖，加上船上的指導員聲嘶力竭快速的喊著「Forward！Forward！Forward faster！」但因為船幾乎是懸在半空中，下槳時卻沒水可划時，我簡直可以用嚇到快「挫塞」來形容，有幾次心想若是翻船，我鐵定會翹辮子，被這些如滾水的漩渦捲進去，不會游泳的我怎會有活命的餘地呢？

　　這次的兩天一夜泛舟漂流可以用「豪華」來形容，吃得很好、住得很棒。從抵達加德滿都第一天就開始找旅行社詢問泛舟行程，罷工中的尼泊爾，觀光客很少，不是人數湊不齊就是開價太高，最後我鎖定日文導遊書《地球の歩き方》上介紹的Equator expeditions，這家旅行社規模很大，成行機率比較高。在等待兩天之後，終於跟一群英國六人團湊足一艘橡皮

艇，付錢的同時，我心想：「終於在尼泊爾做了點正經事，好歹可以交代這趟尼泊爾之行。」沒想到接下來的兩天是讓我這輩子無法忘懷，混合著恐懼、驚喜、放鬆度假的心情，比我慢兩天抵達加德滿都的中國背包客「黑土」，跟我一起報名參加這次泛舟，兩個人報名更有議價空間，加上罷工的關係，我們是用非常優惠的價格參加這次的活動。

發源於西藏高原的Bhote koshi河流，河水是冷白色，即使在六月初河水溫度也很低，尼泊爾的雨季已經開始，出發的前一天晚上才剛下過前所未見的大雨。尋找旅行社，除了要比價格也要比行程，很多費用藏在細節裡，有些泛丹行程是隨船運送帳篷及食物，漂流到某個定點後上陸紮營，這種行程的費用通常低於固定營地。我參加的行程是住在固定營地，類似度假村，正好是週末，所以隨團搭巴士的還有來度假的尼泊爾當地人，這些人穿的是休閒裝，用的是iPad和iPhone，他們純粹是度假，只參加第一天的泛舟（激流比較緩，沒像第二天那麼危險），其餘時間就待在營地吃喝玩樂，點很多的酒和食物吃喝到半夜。營地有撞球枱、游泳池、桌球枱一應俱全，也可以在河濱玩沙灘排球，半夜我尿急走出舒適的帳篷小屋，嘩嘩水流對面的山上出現一輪明月，月光照耀在河面上呈現冷白色的光芒。

共五小時的泛舟行程，分成兩天進行，第二天刺激而驚悚的行程結束之後，我才知道第一天的泛舟只是暖身，它是用來讓我們練習聽嚮導的指揮划槳，forward=向前划、back=向後划、left forward right back=左舷往前划，右舷往後划、stay down=躲進船內、back to seat=歸位。第一天的嚮導看起來經驗老到，第二天卻換了很年輕的嚮導，看起來只有二十歲，本來以為他是隨隊幫忙的小弟，想不到他今天竟然擔任掌舵，左右我們的生死大局。導遊書上說：「Equator expeditions在漂流泛舟（rafting）和獨木舟泛舟（kayating）方面經驗非常豐富，他們有經驗豐富的嚮導群。」

1 救生衣很重要，在泛舟過程當中，有許多人被大浪捲到河裡。
2 泛舟前的準備。

事實證明，這位掌舵小弟即使是很年輕，依然把我們全部安全帶回。第一天的泛舟只有三至四處的激流，但第二天總共有十五處之多（四至五級），打從一開始就沒有冷場，兩個多小時一直處在緊張狀態。

不入虎穴焉得虎子

途中有幾次橡皮艇因為激流的衝擊幾乎呈現垂直掉落的狀態，我在其中一次和另一個男生被沖上來的大浪捲入水裡，在那一瞬落水時間，耳朵咕嚕咕嚕進了水，鼻子吸水嗆了氣，心想這回我死定了！但不久救生衣讓我浮了起來，我看到船上的「黑土」舉起槳叫我拉著，大家手忙腳亂想要把我們拉上去，但我的身體被水流吸住怎樣都拉不動，最後是三個人合力才把我拉上去，那時我心想：「我幹嘛要吃得這麼胖，這回可好了，重得拉不動，活該被閻羅王抓去做水鬼！」

恐懼輪流用不同的形式來考驗，船在激流裡往下漂流，因為激流有斷差，所以經常都是懸空，下槳時沒水可以划，我習慣坐在左舷靠近河的

內側，經常會看到船的左邊懸空墜落，然後大浪捲上來，冰冷的河水灌入我的耳朵、浸濕我的身體。最恐怖的一次是船被卡進漩渦裡，怎麼都划不出來，起初我覺得有水可划槳，總比船懸空划空槳好，那知道事情並不是這樣，我們一直試圖要划出漩渦，但河水的吸力一直把我們拉入漩渦中心，每一次被吸進去，我們的船就灌入更多河水，因為水來得又多又急，橡皮艇來不及把水排出去，一群人眼睜睜看著橡皮艇內的水一直滿起來，幾乎與船外面的河水等高，我們快翻船了！大家瘋狂的划槳、喊叫，然後不知怎麼回事突然間就脫離漩渦中心，事後所有人提起這件事，大家異口同聲的說：「那是這次漂流裡最恐怖的時刻！」

第二天的泛舟，總共有三個人划著獨木舟（kayating）當前導，順便撿拾被浪沖走的槳或是漂走的東西，但這次激烈的泛舟中折損一隻獨木舟，有一個嚮導在激流中翻船撞傷肩膀，獨木舟漂走不見了。這些嚮導都是長年駐守在Bhote koshi河工作的人，竟然也有陰溝裡翻船的時候，由此可知這條河流的困難程度。跟我們同一團有個女生是參加第二次的Bhote koshi river泛舟，她說因為前一天下過大雨的關係，這次的泛舟遠比上次更加刺激、危險，而且不同公司辦的行程，提供的硬體服務也差很多。這位膽子大、戶外活動型的女生說：「這次的泛舟真是太瘋狂了！」

Equator expeditions
http://www.equatorexpeditionsnapal.com

尼泊爾帥哥

單獨旅行的女生與種馬

自從離開歐洲開始旅行，幾乎在每一個國家都會碰到「種馬」級的男人，約旦的阿拉伯年輕種馬、印度的年輕種馬，來到尼泊爾看到更多的種馬普遍存在各個角落，年齡分佈範圍很廣，從年輕未婚到中年已婚的都有。

尼泊爾的中國遊客很多，這些人的路線大致相同，從西藏走中尼公路過來，先進入加德滿都，然後繼續往印度和斯里蘭卡前進。以前台灣、日本人喜歡玩尼泊爾，但現在完全被中國人取代，我住的旅館有90%的客人來自中國，老闆會講中文。有天我去旅行社買機票，跟老闆聊起天，他說波卡拉的中國人很多，這些人的英文不太好，所以他去學過中文，打算做中國人的生意，但中文實在是太難，最後就放棄。我勸他好好學，因為我住的旅館老闆還是學會了啊！當他知道我住的是那家旅館時，冒出了一句話，「那個男人每個月都換中國籍女朋友！」但問題是這個老闆已經結婚了。

因為在印度操勞了快一個月，所以在波卡拉，大多時間待在旅館花園打屁聊天，有個長得不錯的中國女生說，有一天老闆用生硬的中文詢問她是否願意當他的女朋友。尼泊爾因為太窮，有辦法的人都想往國外跑，要不然就是透過認識外國人與國外做生意。根據我的觀察，尼泊爾街上的種馬遠比印度，以及我旅行經過其他國家還多，印度男人好奇的看外國女人純粹只是看「爽」，沒有太多勾搭意味，而尼泊爾男人看人的眼神就意味深長得多，我在街上走路都盡量不與當地男人做目光接觸，也收起我臉上的微笑，尤其是對那種留長髮，把自己的身材鍛鍊得非常好看的尼泊爾

種馬。

如何從外觀判斷種馬

有一次在印度的旅館，看到老闆的穿著打扮和看女人的眼神，我跟第二次住這家旅館的中國背包客黑土說：「這個人鐵定是一隻大種馬。」黑土很驚訝的說：「妳怎麼會知道？上次我住進來那幾天，看到老闆跟一個韓國女生打得火熱！」經過這兩年時間的鍛鍊，我對種馬的掌握指數可以達到百分之九十九，種馬有幾個特徵，他們身材都很好，喜歡穿緊身服顯露身材或是裸露胸肌，通常有對含情脈脈的眼睛，喜歡留讓女人瘋狂的長髮。

想想，這世界上身材好、臉蛋佳的男人本來就很有限，有些去當藝人，有大半是男同志，剩下少數好看的異性戀男人受到眾多女人的垂愛，最後就是女人殺手的「種馬」，在這種情況之下，想也知道「帥哥種馬附身，其中必有詐」，許多女人碰到種馬，樂陶陶覺得自己終於遇到真命天子，丟財又失身的大有人在。我覺得出門旅行被種馬搭訕的女人，都應該先掂掂自己的斤兩（是否有美貌和財富），然後再決定是否承受這種「恩寵」。出門旅行我喜歡跟當地人聊天，但對於更進一步的接觸興趣不大，因為天下沒有白吃的午餐，平凡如我，無法承受「種馬」所帶來的刺激啊！

各式各樣的中國人

驚人的十億人口

出門旅行一趟才發現中國十億人口的威力，在歐洲，他們經營餐廳、超市、旅館、打工、求學，人數多到讓歐洲人感受到威脅，其中以西班牙最明顯。西班牙是歐洲唯一有午休制度的國家，只要能夠休息，他們就不會多花一分鐘在工作，在中國人少見的鄉下地方，下午兩點到四點想要在超市買東西，你得要乖乖在門外等待午休結束。但在馬德里這種大城市，誰有這種閒工夫？當然立刻到中國人超市買東西，他們幾乎是二十四小時營業，這樣的結果逼使西班牙人開的雜貨店一家家倒閉，而中國人開的超市在馬德里市區觸目可見。

從小居住在馬德里Toledo街的西班牙宅男，他說小時候常去的店都關門大吉，這一區也幾乎變成馬德里的中國城，街上到處都是中國超市和自助餐廳，來自低層階級的打工仔隨處可見。我的西語班同學來自上海的有錢家庭，每當上課時大家在批評馬德里的中國人時，她總是回答：「那些人不是普通的中國人，他們是來自於溫州的中國人，沒有受過太多教育。」老一輩的溫州人單槍匹馬來到歐洲打拚，然後從家鄉引進更多的同胞幫忙打理生意，這些人的生活圈子很小，來了很多年也不會講西班牙文，這樣的結果讓雙方的隔閡更深，大部分的西班牙人提起中國人都是怨聲載道，我的西語班老師Ana一提起她的中國學生就火大，這些人兩天打

魚，三天曬網，繳一個月的學費只上課兩天，有時心血來潮就來上課攪局，程度完全跟不上卻又自以為是，問他們來西班牙幹嘛又講不出所以然來。我倒樂得與中國人同班，因為他們不來上課，讓我的西文課經常變成一對一的家教班。

但中國人有錢是事實，長時間工作需要娛樂，衣服隨便穿卻又滿口名牌經，Las Rozas outlet常常見到他們的身影，他們是樂透彩券行的大戶，很多人經常出入賭博場所。在歐洲旅行時經常看到中國人在火車上大聲講手機、聊天，完全不顧四周乘客嫌惡的臉孔，這些人的表現讓我對中國人觀感很差，更別提要我去中國觀光，但那裡對我有一個致命吸引力，從歐洲回亞洲的路上，我想通過陸路進入西藏，因此排了印度、尼泊爾、西藏的行程，雖然終究因為政治因素沒有去成西藏（台灣人被視為外國人，得多人成團才能進入），但我在印度認識許多中國背包客，大幅改變我對中國的看法。

對於中國，我一直以為物價很便宜，但中國背

雲南的少數民族白族，很會做生意，我在六月的楊梅盛產季節，跟街上的白族小販買了許多楊梅嚐鮮。

包客說：「No！No！No！物價很貴，東南亞其他國家便宜多了！」於是成群的中國背包客通過西藏往南方邁進，他們讓尼泊爾掀起學習中文的熱潮，他們讓精明的印度商人束手無策，而我在印度旅行途中攔截到一批有趣的背包客組合，他們帶著資料老舊的導遊書，上面列出的價格與實際物價差距很大，讓這群人經常懷疑被商家詐騙，而使出史上無敵的殺價招數，殺到印度人臉色發青，大嘆錢不好賺。跟著這群人，我也發揮前所未有的潛力，二十六天印度之旅，包含所有的食宿交通、購物與按摩的花費是台幣一萬二，這個數字，只能在日本過五天，在中國過九天。

像我這樣把工作辭掉出門去玩，一點也不稀奇，因為這群中國背包客幾乎都跟我一樣，他們辭了工作，然後出門旅行時把全部儲蓄花光，在歐美日遭逢經濟不景氣的同時，接近百分之十的經濟成長率讓這些年輕人在找尋新工作沒有後顧之憂。他們有日本人成群結隊的習慣，出門就透過QQ串連，人多勢眾互相照應，拼車出遊、拼桌吃飯、拼人住宿，一群人也方便砍價。英文不太靈通就用身體語言，講不通就「盧」到懂為止。這群人裡面有一個來自天津的「阿伯」，只會講「珊Q」，沿路頤指氣使，照樣印度、尼泊爾玩透透，靠的是非常手段。阿伯是個有耐心的釣魚人，他站在中國過尼泊爾的海關出口等著，逢人必問「我可以跟你一起走嗎？」我在出國爬山時經常使用這種招數，完成一天的爬山行程，但這位阿伯竟然用這種方式，當別人的包袱超過一個月，沿路還經常指使年輕人幫他做事情，就這一點讓我很佩服中國背包客，他們心地真好。

與這群中國人共遊將近一個月，他們跟我說：「妳跟其他嬌生慣養，自以為是的台灣背包客很不同！比較好相處。」我想跟這群中國人說：「是你們讓我改變對於中國人自私自利的印象！縱使西藏去不成，我還是應該到中國去探個究竟！」

中國奇觀1：
剪頭髮爲什麼要叫警察？

本來只是想剪個頭髮

在約旦，被阿拉伯理髮師剪了一個很難看的頭髮，前後左右都參差不齊，忍耐度過在印度和尼泊爾的一個多月，雖然在這兩個國家剪髮很便宜，但我擔心語言不通會對我那已經被剪得很短的頭髮造成無可彌補的錯誤，所以一直忍到進入中國。在昆明火車站寄放背包後就趕去吃過橋米線，路上經過一家美容院，上面的價目是剪髮八元人民幣（台幣三十八元），裡面已經有一個客人，美容師像在修整藝術品一樣仔細的剪頭髮。美容師問我急不急，我說不急，她可以照她原來的速度剪頭髮。後面又來了兩個客人，美容師剪完我前面那一個客人，竟然把我晾在一邊，繼續剪後來的兩個男人，我問她什麼時候輪到我，她說：既然妳不急我就先剪別人。老實說我無法搞懂這個女人的邏輯思維，雖然不急，但事情還是有個先後順序！若是接下來有人繼續進來的話，那我是要等到何時？看在她的手藝還不錯的份上，決定繼續等待。

她說我是假的

剪完那兩個男人又花了很多時間，等得無聊就拿起相機到外面拍照，拍了兩張店門口的照片，美容師露出不悅的口氣說她不喜歡人家照相，問我是不是有什麼企圖，我說沒有企圖，只是單純想要拍照留念，在摩洛哥、約旦、印度、尼泊爾也都拍了理髮店的照片，我跟她說若她不高興我可以立刻把照片刪除，然後這個女人就開始「起肖」，她覺得我形跡可疑，一直要看我的身分證，我說我是台灣人沒有身分證，只有台胞證，

但她覺得我是本地人，一口咬定我的台胞證是假的。中國人什麼都喜歡造假，所以她這麼想我可以理解，所以拿出護照給她看，也給她看了我從尼泊爾、印度搭機過來的登機證，但最後她下了結論：「這些東西都很可疑，應該全部都是假造的。」還說我這個人看起來就是有問題，叫我不要再假裝是台灣人，然後一直嚷著要去報警。竟然當著我的面對著店裡的顧客說我是假冒的台灣人，甚至用到「通緝逃犯」字眼。老娘行事一向光明磊落，全身上下從裡到外沒有一處是人工製造，但這個女人卻一直堅持我是假的，重點是我只是要剪頭髮，有什麼騙她的必要嗎？於是我火大了，不管顧客居中調停，跟這個女人說：「既然妳一直說要叫警察，妳就去把警察叫來，我們請警察來核對我到底是真是假。」

不久來了兩個警察，聽完原委，警察跟這個女人說：「拍兩張照片有什麼關係，妳這個小店如果讓這個台灣人拿去宣傳也是中國之光呀！」那個女人要警察檢查我的證件，警察說：「這種證件很難假造。」女人又說：「聽她講話口音分明就是本地人，你看她普通話講得那麼溜。」警察說：「妳不知道台灣人也講普通話的嗎？有些講的比中國人還道地呢！」局勢至此女人啞口無言，但最後她還是逞強說：「她看起來真的很可疑！」聽了這話，我真想當場甩她一耳光！

這就是我從尼泊爾來到中國第一個小時的遭遇，在這次旅行因為碰到許多中國背包客，讓我對中國人累積的好印象，在抵達昆明的第一天全部消耗殆盡！

中國奇觀 2：廁所

最在意的還是廁所

以前聽說過中國的廁所沒有門，所以在中國上廁所要打傘，那時我無法體會這種光景。來到中國所看到的廁所樣子跟台灣差不多，但對於廁所要收費而且沒有提供衛生紙覺得很不滿意。收費廁所從人民幣三毛（台幣一塊半）到一元（台幣五元）的我都上過，城市的三毛廁所通常不太乾淨，但風景區裡的一元廁所也好不到哪裡去，其中最震撼的是從九寨溝回程途中所上的廁所。

這個廁所就是傳說中的沒門廁所，是一個寬約一點五公尺長形房子，右邊是一條溝式的廁所，用白瓷磚的矮牆隔間，人蹲在裡面還可以看到頭頂及半個身子露出來。上廁所時是屁股背對牆壁，臉面對狹窄約七十公分的通道，站在門外可以看到一個個正在努力排便或排尿的人頭。坐了幾個小時的車子，一群尿急的人排在廁所門外，快輪到我時，突然間後面來一個女人直接走進廁所，排我後面的女人怒罵這個女人沒素質，然後排隊隊伍馬上起了化學變化，所有人紛紛效法那個沒素質的女人往前衝進廁所，排在第一個的我很快就進入廁所間，只是現在碰到一個難堪的問題，每個廁所隔間外都有一個女人在等妳上完廁所，一間排一個，也就是說當妳蹲在那裡時，有人站在沒門的廁所前對著妳看，起初覺得很害羞的用左手把臉遮起來然後把頭轉向另一邊，但無論轉哪一邊都有個女人等在那裡，我只好被迫與這些陌生人四目相接。

妳站在我前面我尿不出來

憋了一個早上的尿，我蹲在那裡尿很久很久，面前的女人一直盯著

我，彷彿在說：「妳到底有完沒完呀！」蹲我隔壁的女人比我早進去，但我出來時她還在努力奮鬥，我猜她是在上大號，我心想那麼多人盯著妳看，大到明天早上也大不出來呀！這也讓我回想起一個特別經驗，有一次我在日本東北鄉下誤入混浴溫泉，已經泡在池水中的我，因為對面有男人而不敢從溫泉池裡出來，一直到高溫的泉水把我弄得頭暈眼花。而現在呢？在中國鄉下這個沒有門的廁所裡，我又碰到同樣的情況，通常在小便後要用衛生紙擦一擦，才拉上內褲，但現在有個女人跟我距離只有二十公分，一直看著我，到底是要我怎麼擦、怎麼拉起褲子呢？這個全世界最荒謬的事情竟然就這樣被我碰到了。幸好那天穿的是美麗的蕾絲內褲，而不是我經常穿、很舒適但破了一個小洞的舊內褲，要不然可能還會被嘲笑是個「買不起內褲的窮光蛋」！

靠妖怪過活的城市

把漫畫家當神膜拜的城市

日本的神社和寺廟供奉的是一般的神明,有一個地方,他們卻把漫畫家「水木茂」當作是神來膜拜,因為這個城市很多人是靠水木茂的漫畫鬼太郎(きたろう)過活,很多人到鳥取縣必定拜訪的地方就是水木茂的故鄉「境港」,它是日本海沿岸一個港口。

一畑電鐵的三日周遊券包含到境港的巴士,既然這個地方這麼有人氣,再加上免費坐車,沒有不去視察的理由,於是我來到了妖怪之城——境港(さかいみなと),淒風苦雨的大暴雨天氣,也是妖怪出沒的最好時機!

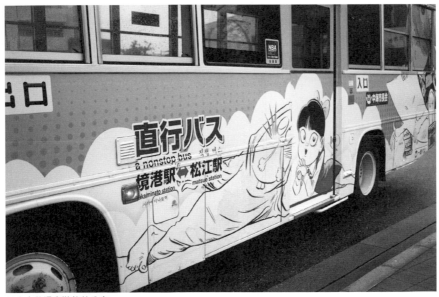

以水木茂漫畫裝飾的公車。

水木茂漫畫中的妖怪被當地居民鑄成一座座的銅像，其中最大一尊就是主角「鬼太郎」。「鬼太郎」活絡地方經濟，光是活用漫畫裡各種妖怪所創造的產品，就讓人目不暇給。我搭妖怪巴士抵達，一下車就看到妖怪火車停在JR火車站，沿著妖怪銅像林立的街道，短短的街上賣的全都是妖怪相關產品。你可以穿著妖怪木屐到街上買妖怪餅乾麵包或饅頭，口渴時喝妖怪果汁或汽水，要減肥時喝妖怪礦泉水，想睡覺時喝妖怪咖啡提神，無聊時到妖怪電話亭打電話給朋友打屁聊天，吃膩麵包可以點一碗妖怪拉麵，最後再上一客妖怪甜點布丁。洗澡時用妖怪毛巾，上大號時用妖怪衛生紙擦屁股，好久不見的朋友，寄一張妖怪明信片給他，信要投到妖怪郵筒，當然不能忘記貼上妖怪郵票，蓋上妖怪郵戳。碰到苦悶的事想要藉酒澆愁，就喝頂級的大吟釀妖怪清酒，戀愛不順到妖怪神社乞求姻緣，碰到真正的妖怪時，就把水木茂的整套妖怪漫畫拿出來，然後吃「燒鬼」這種糯米點心避邪。

　　這條妖怪街只有短短幾百公尺，從一九九三年出生以來就受到廣大群眾的歡迎，至二〇〇八年觀光客達到一千萬人，到二〇一二年五月竟然一舉突破兩千萬人，而且都是年輕族群，大家都想碰到妖怪來刺激無趣的日子。年輕人和小孩對於妖怪食品很有興趣，對漫畫沒興趣的我只想吃境港的漁船從日本海撈上來的新鮮魚貝，但是，我還滿想到「妖怪食品研究所」進修研究如何製作「史上最強的妖怪食物」。

1 用妖怪衛生紙擦屁股不知道是什麼感覺？ 2 街上隨時有妖怪出沒跟觀光客合照。 3 你會想買一罐妖怪果汁來嚐嚐看嗎？

在日本秋田的奇妙夜晚

朋友為我帶來奇妙的夜晚

　　S是我在馬德里語言學校認識的日本人，因為談得來而保持聯絡，這次的「陸路回亞洲」行程，她陪我玩神戶和京都，然後她就飛到秋田（Akita）學做洋傘，那是一門特別的課程，也是快要失傳的傳統技藝，由高齡九十歲的歐巴桑教導。製作洋傘的布料必須取自舊和服，朋友家有祖傳上百套的和服，她想藉這次的學習活用櫥櫃裡已經穿不著的舊和服，報名上課之前她曾經問我有沒有興趣參加，但我那時候正焦頭爛額在中國旅行，完全沒有慾望想參加，等到我的好奇心進入日本恢復正常之後，和服洋傘班已經額滿。

　　為了看東北夏天的慶典，坐火車來到秋田，我和S約好在秋田車站見面，她要讓我看上課的成果。約定的地方，S和一個素不相識的男人迎接我。長川歐吉桑是S在秋田認識的新朋友，喜歡旅行的歐吉桑佩服我的勇氣，想要聽我講更多的故事，除了帶我去參觀秋田的「竿燈祭」，還帶我到一個「懷著夢想卻一直被俗務纏身而無法出門旅行」朋友開的居酒屋吃飯。

　　歐吉桑先請夥計做兩人份的生魚片，然後又要了一個飯糰，我那時心想，竟然想用飯糰來唬我，飯糰會有什麼好吃的呢？接著聽到歐吉桑說：「妳吃過秋田的飯糰嗎？它跟別的地方不一樣，是用醬油加米飯烤成的，妳一定要試試。」

日本海的魚鮮果然不同凡響

　　我被一大盤日本海美味的生魚片嚇到，這哪是兩人份啊？吃完半盤

生魚片加飯糰我就倒地不起了，黑黑一大丸飯糰大約是一般三角飯糰的兩倍大，歐吉桑又幫我點了一杯生啤酒。聊天時只不過提到在四國香川吃過的讚岐烏龍麵，歐吉桑立刻要我也嚐嚐秋田的烏龍麵，這裡稱為「稻庭烏龍麵」，夥計又上了一大碗冷的烏龍麵，細瘦的麵條，上面放著幾塊炸蔬菜天婦羅，很好吃，但是肚子真的很飽，而且還有生魚片和飯糰要解決，歐吉桑吃得不多，他只顧喝啤酒和提問題。

　　就在聊天、喝酒、吃飯的同時，歐吉桑口中「懷有許多夢想」的男人出現，不修邊幅，是這家居酒屋的老闆，人人叫他マスター（大師），熱中於嘗試各種食材的搭配，他看了一眼我咬了兩口的飯糰，說他有時候會在飯糰放自己做的酸奶油！歐吉桑順口提到マスター自己會做西班牙生火腿。我聽了驚訝不已，它是我最懷念的西班牙名產，萬萬想不到在日本竟然也有人做得出來！

在日本秋田的鄉下掛著很多伊比利生火腿

　　自己做生火腿的居酒屋老闆跟我聊了幾分鐘，馬上進去切了自己做的火腿和酸奶油配烤吐司，又拿出　瓶西班牙紅酒斟滿我的杯子，眼前還有這麼多可口的食物，激發出我的潛能。生火腿有兩種，上面都撒了細細的起司粉（也是自己做的），先嚐油脂看起來比較潤澤的一塊，與我在西班牙吃到的生火腿不同，它沒有太多香味，但入口即化，非常類似鮪魚生魚片，另一種比較硬而且很鹹。我跟マスター說，軟的那種比較好吃，雖然香味不如伊比利生火腿，但我覺得很有特色，他說那是醃了一年半比較入味，另外一個較鹹的是醃八個月左右。可能是覺得我很識貨，他問我要不要看他做火腿的地方。興致勃勃的跟到二樓參觀，在屋頂一角的小棚子吊掛大約三十隻生火腿，有胖有瘦。

彷彿是在作夢，在日本東北的秋田，一個地處偏遠的居酒屋，有三十隻秋田豬做的生火腿像是西班牙的酒吧裡的火腿一樣吊掛著！マスター說，生火腿是看書自學而來的，從一開始就沒有失敗過，很受顧客歡迎，我覺得他在「做吃的」很有天分，長川歐吉桑說居酒屋雖然偏僻但生意還不錯，在之前日本經濟還不差的年代，是要排隊才能吃到飯的名店。

　　晚上十點多，歐吉桑把我載到當晚下榻的旅館，マスター把吃剩的生火腿、烤麵包、秋田飯糰及剩下的一點紅酒打包交給我，當我隔天早上在和式榻榻米旅館醒來，吃著這些依然美味的食物搭配紅酒當早餐，然後想起自始至終我都不知道「マスター」居酒屋地點和店名，但它可以說是這段長旅中最好的一場「桃花源」之夢。

1 來自魚蝦肥美的日本海，被陌生人招待的海鮮大餐，一生難忘。　2 秋田是日本稻米的主要產地，烤飯糰很扎實又很好吃。　3 居酒屋的老闆臨時端出的自家製酸奶油配烤麵包，配西班牙紅酒和他自製的生火腿。　4 象徵豐收稻穗的秋田竿燈，在夏日夜晚被搖晃晃地撐起來時，真像是被微風吹拂的稻田。

對「強壯」的定義──
東西方大不同！

登山背包的重要性

出門旅行時我喜歡揹登山背包，因為機動性比較強，而且揹背包旅行也比較有流浪的感覺。更重要的是，背包客通常在旅途上會得到比較多關愛眼神。

有一次爬完富士山，回程想順道去「鎌倉」觀光，有個日本歐巴桑在火車上看到我的大背包，問我去哪裡，聽完我的旅行計畫，她說很感動，然後從皮包裡摸出兩張鎌倉公車票送我，要我搭車去看有名的大佛。

還有一位在秋田請我吃飯的長川歐吉桑，第一次見到他時，我先把背包存在寄物櫃，身上只揹小背包，臨走時他說要買飯糰給我吃。隔幾天我們又碰面，我身上揹著旅行的全部家當，一大一小兩個背包，他露出欽佩又憐惜的眼神，除了帶我參觀秋田的竿燈祭，又請我吃了一頓畢生難忘的大餐。

到歐洲各國旅行，經常聽人說某些地方治安很差，很危險，我都去過而且也不覺得有什麼危險，不知道是因為感覺太遲鈍或是這世界的膽小鬼變多了？一直覺得是自己揹著背包帶來的好運氣。

不論是在那一國，每次背包上肩時，都覺得自己很像在街頭表演舉重，得到許多注目的眼神，接著聽到驚嘆聲。身為一個背包客，我得到許多善意關懷，而不是欺騙。以前常怨恨我媽媽把我生得骨架很大，看起來很強壯，現在才發現這麼強壯還真的很不錯，不僅可以負重二十五公斤的背包，還可以嚇唬歹徒。

金剛芭比嚇倒桃太郎

　　我的強壯曾經嚇倒過很多人，有一次去爬日本的八之岳（八ヶ岳），跟我同行的日本歐吉桑一直誇口說他的體力很好，所屬的登山協會無人能及，日本百名山幾乎都爬遍。結果打從一開始，他就不停在我的後面叫‧我‧走‧慢‧一‧點，看我體力這麼好，歐吉桑把原先只登兩座山的行程，改成縱走路線。走了十個小時來到一個山莊，我也沒有休息，在山莊裡走來走去勘察設備。累得半死的日本歐吉桑丟出一句話：「ロさん，人間じゃない。」（盧小姐，妳不是人！）讓山莊主人忍不住大笑起來。路上有個和我們走同樣路線的日本年輕男生，累得癱坐在地上嘆氣，然後跟我說：「台灣女生是不是都像你這麼強壯啊？」

　　記得小學時每週一次集合在操場聽校長訓話，有時校長一時興起多講話，就會看到站在我四周的女同學，一個個中暑倒地被扶進醫務室，我非常渴望去醫務室休息納涼，但在學生生涯當中，竟然連一次中暑的機會也沒有。即使是在走西班牙的聖雅各朝聖路時，每天頂著四十度高溫徒步三、四十公里也都沒事，而離開歐洲回亞洲時，總共花了四個半月的時間從陸路經過許多國家回到台灣，身體依然強壯如昔。

輕巧耐用，可撐大可縮小的始祖鳥背包，是背包客的好朋友。

在朝聖路上遇到的背包客。暑假旺季的朝聖路，便宜的公立朝聖者庇護所一床難求，要提早去排隊。

唯有強壯，得以存活

　　年輕時最常聽到男生說我很強壯，在二十來歲的年代這根本不是恭維，以前常怨恨我媽把我生得大手大腳，完全沒有機會像愛情小說中的女主角動不動就昏倒，引起男人的憐香惜玉。但如今，我竟然在歐洲笑傲江湖，在歐美人士的眼裡，我的大骨架變成「身材健美」，堅忍不拔的強悍個性在這裡變成「很有個人特色」。就跟在台灣一樣，我不只一次聽到男人說我「看起來很強壯」，但這回不是揶揄而是換成了讚嘆，於是，從台灣到歐洲的這趟長旅，強壯的我終於找到自信。

　　在歐洲這段期間，徒步走過二趟、長達一千三百公里的聖雅各朝聖路，因為走路速度快，路上很少人可以趕過我，經常把三天的行程在短短兩天內走完。曾有強壯的德國人對我舉起大姆指，而在朝聖路上認識的一位英國青年Benedict有一次在睽違多天後看到我，也跟我說：「我以為我再

也看不到妳，妳走路速度好快啊！」

　　住在馬德里時，為了維持體力和身材，每天上健身房運動，出門大都用走路代替坐車，也因為這樣在街上認識更多有趣的店家，發掘更多的新鮮事。就在這離開台灣的兩年半，才深刻體會到原來「強壯」是一個上天賜予的莫大恩惠，我是個強壯的女背包客（西班牙文mochilera；日文バックパッカー；英文backpacker），唯有強壯，得以存活。

1 航線遍及歐洲的EasyJet是我看過最棒的廉價航空。 2 朝聖路上的旅人們。

微笑征服全世界

回眸一笑百媚生

我一直到年紀很大才學會如何微笑，以前我不怎麼愛笑，因為擔心眼角一直增加的皺紋，從安穩的研究機構轉戰到新竹科學園區，是我人生當中最大的衝擊，暴增的工作量和夾在客戶和內部支援單位「兩邊不是人」的現實，更讓我每天都心情沉重板著一張臉，負責指導我的同事有一天跟我說：「妳天天結一張『屎臉』，讓人看了退避三舍！」

回家反省後，覺得同事很有道理，然後做了小小的調整。我在客戶做出不合理要求時，忍氣吞聲，用有如春風般的語調跟他們協商，協調失敗必須要求RD研發部門滿足客戶需求時，就低聲下氣的哀求幫忙，用微笑擋住他們發出來的牢騷，用耐心承受「PM無能，RD受苦」這種刻薄的指責。很神奇，這個策略竟然很有效，讓中年轉換跑道，在大家都不看好的情況下繼續存活，從此我了解到「微笑」的魅力，變成一隻不折不扣的笑面虎。

帶給我許多快樂時光的那一群西班牙宅男，在認識很久之後，其中一個跟我說：「會把年紀比他大很多的我納為朋友，是因為我臉上掛的笑容讓他無法招架。」微笑很重要，有次我想參加日本某個山岳協會的登山活動，參加幾次社員大會還是沒有結論，有一天他們把協會創辦人找來，讓他做最後決定，不久就傳來好消息，答應的主要原因是我在面試時，臉上一直掛著微笑，原本以為爬山是靠腳力，想不到原來只靠一張「嘴」。有一次在慕尼黑街上，有個老人主動提議要幫我照相，問我從哪裡來？他說剛才碰到一個來自mainland（大陸）的Chinese，現在又碰到我這個來自island（島嶼）的Chinese，你知道歐洲人如何分辨這兩個地方的人嗎？慕

尼黑煙斗店的老闆說：「妳一定是台灣來的，因為臉上一直掛著微笑，那些來自中國的人似乎不怎麼愛笑！」

我在尼泊爾和一群小孩合照。

東方微笑攻陷歐洲

歐洲人的判斷力果然有可取之處，因為我的「笑臉」策略，走遍各國都適用，只有在中國踢到鐵板。在歐洲，人們喜歡我的笑容，大家覺得我和藹可親；在中國，當我用同樣的微笑走在路上時，很多人投來「莫名其妙」的眼光，覺得這個女人可能是「頭殼壞去」或是有什麼意圖。但我還是要繼續微笑，因為離開中國到了日本，「笑臉」策略繼續發酵，跟我搭訕聊天、送樂透彩券的、請我吃飯的、報好康的人層出不窮。在走遍半個地球之後，我覺得「微笑」最好用的地方是歐洲！馬德里認識的日本女生W認定我很有男人緣，所以才經常碰到男人來搭訕，我就把在學校公寓和西班牙酒吧觀察到的「歐洲女人釣男人的方法」報給她知：

1. 隨時隨地都要面帶微笑。（最重要）
2. 有時假裝不經意的環顧四周，看到目標就深深注視三秒。
3. 使出本事給他一個此生最燦爛的微笑，如果對方對妳有興趣，很快就會走過來打招呼。

認識一個日本女生Y經常上酒吧「使眼力」，不久後就用這幾招「篩選」，得到俊帥多金的西班牙男友。住在馬德里這兩年，因為經常都跟西班牙宅男混在一起，練習「使眼力」的機會比較少，但有時和宅男到酒吧

喝酒，眼睛不小心掃到坐在對桌的男人，對方就會不時投來意味深長的眼光，企圖跟妳有進一步的交流，這才知道在歐洲，女人的眼睛是有「特異功能」，尤其是到「把妹王國」的義大利，可以用進入寶山來形容，不折不扣是「目不暇給＋應接不暇」。

　　這也是我經常慫恿日本女生W趕快到義大利實習的原因，W說：「等我拿下牙套第一件事，就是立刻買機票到義大利。」想想也有道理，若使出最燦爛的微笑，卻被看到牙套的話，效果應該會打折扣。但不管如何，微笑真的是非常好用的「利器」，我這兩年多的流浪生活可以如此順利又多采多姿，應該都是拜微笑之賜吧。

聖雅各朝聖路抵達終點的旅人。

一個旅人的冒險

有一個陌生男人對我舉起大拇指

　　從歐洲一路旅行過來，我在中國的青島搭船進入日本本州最南端的下關市（Simonoseki），來到巡禮之年的最後一站：日本。先是在日本海沿岸的山陰地區打轉，拜訪還沒去過的景點和城市，然後搭火車來到名古屋，當我揹上一路相伴的大背包準備下車時，有一個陌生男人對我舉起大拇指，用讚賞的口氣說：「大約是一個多星期以前，我曾經在下關的唐戶（Karado）魚市場看過妳！妳實在太強了，繼續加油！」

　　這個情景讓我想起幾個月前在馬德里街頭碰到的另一個男人，那天我是要搭飛機去英國，開始這一趟長達四個多月、橫跨歐亞大陸的回台灣之旅，當我揹著背包走在清晨五點、天色未亮的馬德里街頭，被一個男人攔了下來，他說：「妳還記得我嗎？我是聖雅各朝聖路上的Alfonso。」我當然記得Alfonso，他是西班牙經濟不景氣的受害者之一，馬德里的一位計程車司機。他被公司解雇，領完遣散費後立刻去走人生第一趟的聖雅各朝聖路，我在半路遇到他。聖雅各朝聖路是很多面臨人生轉折點的人，沉澱心靈重新思考未來生活方向的地方，Alfonso有著計程車司機對於美食的敏銳度，同行的那幾天經常參考他的意見去某家餐廳吃飯或點菜。睽違一年半，我在西班牙的最後一天，Alfonso竟然出現在我面前，詢問我的近況！旁邊是他的計程車，原來他又重操舊業，換了另一家公司，但看起來比以前稱頭。我們站在馬德里街頭聊了幾分鐘之後道別，Alfonso看著我肩上揹的大背包說：「妳真是一個不折不扣的旅人啊！」

有很多人為我加油

　　在旅行的路上與無數人相遇，有的留下聯絡地址，有的不知所終。在名古屋，我要去住C的家，她是我十幾年前認識的日本朋友，斷斷續續的聯絡但見面時一樣很有話聊；在法國旅行，我住在克羅埃西亞旅行認識的法國人Eliene家裡，她煮的法國大餐溫暖了我的心；去波爾多我住在語言學校認識的朋友Geneviene家裡，她說我好像是她失散多年的家人；在馬德里住了兩年，西班牙宅男Luis經常帶他媽媽煮的菜給我打牙祭，宅男Manuel會幫我張羅免費音樂會的票，家裡牆壁排滿DVD的宅男Alberto拷貝我想要看的電影，住在馬德里很多年的日本女生Ryoko是我練習日文的對象和生活諮詢大師，日文老師Norie常邀請我去她家吃好料，語言學校的西班牙老師跟我說若我在馬德里沒地方住，可以去住她家。

印度嘟嘟車夫，只有國中學歷卻講很流利的英文，他說都是從觀光客身上學來的。

　　在旅行途中開啟email或臉書，經常收到從不同國家捎來訊息問候我的近況，訊息發自西班牙、摩洛哥、阿根廷、法國、印度、中國、日本，這些人都是我在西班牙停留兩年以及在各地旅行時認識的朋友。

在路上碰見的旅人

　　在阿姆斯特丹看歌劇認識的法國女生Roja說：「當德布西的歌劇《佩里亞與梅麗桑》在馬德里上演時，讓我們在皇家歌劇院的陽台上啜飲一杯咖

啡吧！」日本女生M也曾在我的臉書留下訊息，請我代訂威尼斯的華人民宿，因為民宿的人不會講英文，她不會講中文。我和她是在匈牙利布達佩斯日本人經營的青年旅館認識的，她正要去拜訪奧地利一些無趣的城市，建議她把時間省下來去威尼斯一趟，那裡是我到目前玩過排名前五，而且也是人生必遊的城市之一。當時我留了email地址給日本女生K、Y、A，她們都正要在歐洲各個城市開始新的留學生活，或是正在進行超過一年的旅行，或許我們有緣再相會。

寄了照片給維也納認識的台灣女生M，我們在某一天的下午共遊維也納的中央公墓音樂家的墓地，晚上又一起去聽維也納愛樂的演出。在維也納的青年旅館認識兩個已經旅行三個月的台灣女生，她們辭了工作從北京開始旅行，搭上西伯利亞鐵路，一路奔向歐洲，她們走過的地方和旅遊故事讓我很想徹夜跟她們聊天。在柏林青年旅館我與巴西來的女生交換旅遊情報。在阿姆斯特丹和剛認識的韓國女生和中國男生分享旅遊經驗。我在阿姆斯特丹的街頭被一個荷蘭女生攔住，問我是否同意讓她拍照，起初以為是詐騙集團，確認不需要付任何的錢之後，她用專業的架式幫我拍了照片，後來聊起來才知道她是一個人像攝影師，正在街頭進行她的人像拍攝計畫。回家上了她的網站一看，是個很優秀的人像攝影師，同樣是使用數位相機，但她拍的照片無論是色調或取景都非常優。

沒有出發就沒有收穫

經常有人問我：「一個人旅行不寂寞嗎？」我心裡在想，為什麼會寂寞呢？世界這麼大，每天都讓人目不暇給！要在陌生地方張羅吃食、住宿，用最省錢的方式計畫行程，要應付各種搭訕的人，辨識他們的動機，「上路旅行」本身就是一堂五花八門的課程，讓我一點也不無聊，況且還有這麼多人在背後為妳加油打氣。很多人對一個人旅行有疑慮，但我在路

Genevieve是我在馬德里語言學校認識的法國人，我們一見如故，她說我好像是她失散許久的家人。

上碰過無數單獨旅行的女生、男生，他們大部分都很年輕，看到這些青春奔放的臉龐，我為自己失去的歲月感到惋惜，但一切都還來得及補救，因為我終於實現夢想，跟他們一樣踏上長途旅行的浪遊之路。

每個人都是一本書，我的書充滿過往的歷史光影，許多辛勤工作的歲月以及眼看自己一天一天變老，卻一事無成的焦慮；而那些初次上路的年輕旅行者，他們的書大部分是空白頁，還有許多空間可以揮灑。但不管是哪種書，藉由旅行，藉由在來來去去的路上，和不同的人聊天、聽他們的故事，說自己的故事，我們都得以在分道揚鑣之後，繼續把自己的書頁填得更滿、更豐富。

回台灣後幾天，進行一趟南來北往拜訪朋友的旅行，重新訪視昔日熟悉的城市，看起來沒有太大變化的城市，卻因為我的兩年半出走冒險，看待這些景物的眼光變不同了。以前坐捷運、坐火車、在餐廳吃飯、路上看到陌生人，只是日常生活的一部分，但在長旅之後，我興致勃勃的觀察周遭的生活細節、人們說話時的神情，也很珍惜的享受以往被視為理所當然的各地小吃。

透過在摩洛哥、印度、尼泊爾、中國這些開發中國家旅行所訓練出來的直覺，我現在可以輕易辨識不懷好意的嘴臉、友善的臉；一趟旅行見識到成千上萬的臉孔，讓我的「觀人術」大躍進。兩年的歐洲生活，讓我深深覺得，不論住到那裡，總是有好的和壞的一面，最重要的是要好好的把握當下，享受人生。

兩年半的職場出走，是我人生最大的冒險，收穫和得到的驚喜完全出乎預期。雖然我一直都喜歡為自己的生活創造一點變化，但完全想不到一個決定竟然可以成就這麼好的結局，變成這輩子最值得回憶的事情，編織成一個關於很多事、很多人及很多夢想完成的故事。若是要用一句話來為這個決定下註解，我的答案是「大豐收，幸好我有去！」

國家圖書館出版品預行編目資料

老天有交代，這輩子要狠狠玩一次：一個背包、兩年半、十六個國家、無數新朋友以及滿滿的勇氣和回憶 / 盧姿敏 文.攝影. --初版.--臺北市：皇冠文化. 2012.12
面；公分（皇冠叢書；第4279種）（Party；74）
ISBN 978-957-33-2959-6（平裝）

719   101024115

皇冠叢書第4279種
PARTY 74

老天有交代，
這輩子要狠狠玩一次

一個背包、兩年半、十六個國家、
無數新朋友以及滿滿的勇氣和回憶

作　　者—盧姿敏（黑糖貓）
發 行 人—平雲
出版發行—皇冠文化出版有限公司
　　　　　台北市敦化北路120巷50號
　　　　　電話◎02-27168888
　　　　　郵撥帳號◎15261516號
　　　　　皇冠出版社(香港)有限公司
　　　　　香港上環文咸東街50號寶恒商業中心
　　　　　23樓2301-3室
　　　　　電話◎2529-1778　傳真◎2527-0904
責任主編—盧春旭
責任編輯—徐凡
美術設計—程郁婷
著作完成日期—2012年10月
初版一刷日期—2012年12月
初版二刷日期—2013年04月
法律顧問—王惠光律師
有著作權・翻印必究
如有破損或裝訂錯誤，請寄回本社更換
讀者服務傳真專線◎02-27150507
電腦編號◎408074
ISBN◎978-957-33-2959-6
Printed in Taiwan
本書定價◎新台幣320元/港幣107元

● 皇冠讀樂網：www.crown.com.tw
● 小王子的編輯夢：crownbook.pixnet.net/blog
● 皇冠Plurk：www.plurk.com/crownbook
● 皇冠Facebook：www.facebook/crownbook